我們一家人的合影，攝於一九五七年秋父親第一次出獄回家。此為中共建政後唯一的全家人合影。四年後，我和父親入獄。前排左起：三弟齊治平（9歲，已故）、母親張則權（47歲，已故）、四弟齊大同（8歲）、父親齊尊周（45歲，已故）；後排左起：二弟齊安邦（10歲，已故）、齊家貞（16歲）、大弟齊興國（13歲）。

「因為困苦人的冤屈和貧窮人的嘆息，
我現在要起來，
把他安置在他所切慕的穩妥之地。」

——《聖經・詩篇》（一二：五）

CONTENTS目錄

空白的誕生

後來，我一生中的每天都是戰爭。

我出生在第二次世界大戰最緊要的那一年：重慶隧道萬人窒息死難、蘇德戰爭爆發、日軍偷襲珍珠港，以及美國、中國、澳大利亞等國向德國、義大利和日本宣戰。子彈和長程轟炸機爭食著兩條腿的生靈。

我到人間的時辰，也許是清晨，也許是正午，也許是深夜，我不知道。我的父母親也不記得了。

二戰硝煙未散，繼而中共裹挾著由蘇聯、蒙古、朝鮮、日俘組成的國際共產聯軍發動了侵華戰爭，將國民政府驅逐到一座名叫福爾摩沙的偏遠孤島。

緊隨其後，中共討伐我家：父親愛國，堅留大陸，只因是國民政府鐵道運輸高級管理人員而被誣罪遭到管制和拘役十年；母親「監外執行」二十一年，拉扯著從十五個月大至十歲的五個兒女；高中畢業的我想探尋偷渡出國圓求學夢的途徑時，被以「叛國投敵罪」判刑十三年，還連累父親被判刑十五年；四個弟弟在社會上服著「無期徒刑」。

在餓斃數千萬人的大饑荒和血海浸泡的無產階級文化大革命運動中，父親和我，依靠母親不間斷地送食物到監獄接濟而得以生還。四個弟弟在無數人的冷眼中度日。母親為撐起坍塌的家，傾盡了光和熱，後來力盡而死。

父親釋放回家，等待他二十一年的母親已於兩年前病逝。身心受創的父親，誓言要將亡妻放心不下的兒女們拯救到民主之國，過一下真正的人的生活。他在七十二歲時非法滯留美國打工，將我搬運到了澳大利亞。

從此，我和父親——一對心懷歉疚的「家庭罪人」，開始攜手搬運四個弟弟以及其兒女們逃亡的漫長戰爭：在世界地圖上，每條進出中國的通道都已被我的雙眼看得痛不欲生。全家人在亞洲、大洋洲、北美洲之間原地疾走，直到再也無人看見過他們的身影。

父親和我，把頭顱擲向天空，踩著反彈下來的迴聲晝夜奔襲。父親疾走了二十三年，戰死。我疾走了三十四年，即將戰死。這是一場永不可能凱旋的戰爭。

在母親的墳墓裡，在父親的灰燼裡，在弟弟們的悶吼裡，在我的骨頭裡，時有哭聲傳出。

父母親的「奇緣」

我的齊氏先祖，在明末清初朝代更替時，集體從福建逃到海南島文昌縣第田村。先祖們人丁興旺，數代為官。到我父親這代時，只剩下三口之家。

父親齊尊周是家中獨苗。在上海讀書的他，體格羸弱，靠長年晨跑並洗冷水澡鍛鍊身體。高中畢業後，他在杭江鐵路局做練習生。他按順序給人生作出了一個規劃：事業，身體，讀書，家庭；並訂下立身處世的原則：「人生是給予，而不是索取。」

父親勤奮工作，深受副局長謝文龍賞識。當交通部提拔謝擔任津浦鐵路運輸處長時，父親跟隨他，去做了一名列車巡檢員。二十歲的父親，在第一本日記的扉頁上寫道：「他（謝文龍）正是我想追隨並士為知己者死的長者。」

後來，父母親雙亡的父親拜謝為義父。

此時，一個名叫張則權的女孩出現了。她即我的母親。出生在上海市松江縣的母親，是家中獨女。她二十歲從體育專科學校畢業後，在一所小學做體育教員。女大當嫁。她因為不願意嫁給一個有錢人的兒子，就乘船逃離上海，隨船回居漢口。此時，上海已被日軍占領。漢口與上海間水、陸路均被切斷，只有取道廣州經香港搭海輪回滬。一個女孩在兵荒馬亂的年月裡獨行是危險的。

父親受託護送母親往廣州和香港。母親對父親一見鍾情，父親也動了心。一九三九年十月七日，他們在昆明舉行了婚禮。父親後稱這是一段上天恩賜的「奇緣」。

與死亡拔河

中國大半河山被日軍占領。重要的鐵路也已淪陷。一九四一年一月六日，我在逃難地——廣東韶關出生。父親終日忙碌，母親神魂不安，忘記了我來臨世界的時刻。

當我八個月時，父親帶著我繼續逃難。我快兩歲時，伴隨父親工作的變動，全家遷到貴陽。

父親工作七年後，晉升為津浦路列車長，後擔任交通部材料轉運處專員。工作時時變動，戰爭的需要高於一切。為軍隊運輸武器、彈藥、汽油等軍用物資成為常態。

父親多次與死亡拔河：鐵軌被漢奸破壞，機車翻倒，兩人死亡，父親只受了點輕傷；二十六架轟炸機同時轟炸，並用機槍掃射，父親僥倖不死。看到一個背著孩子的女人，沿著鐵軌不要命地飛奔，孩子的頭已被彈片削掉，她卻一無所知；帶一輛機車前往雲南保山，轉運從國外運入的交通電器材料等物資。父親看到的不僅是一座空城，而且是一座死城。他後來寫道：「被炸死的男女老小屍橫遍野。由於豬狗沒有人飼餵，便拖著人腿來充饑。」

赴美深造

一九四四年五月十九日清晨，我高舉著親自採摘的一束喇叭花，慶祝我家新成員的來臨：我的弟弟興國出生了。我每天都在盼弟弟快些長大，一同去花園裡摘大紅桃。

一九四五年五月，德、日、意軸心國敗局已定。美國為幫助中國培養一批戰後重建人才，從《租借法案》（Lend-Lease Program）中撥出專款，從各部門通過考試選拔所需人才五百名，派赴美國實習。交通部有一百二十個名額，鐵道運輸系統分到二十六人。父親赴美實習的夢想實現了。

父親分配在東海岸Seaboard Airline Railroad。該鐵路線貫穿美國六個州，長達萬餘公里，共有六人在此實習。因為父親成績優異，經鐵路公司負責人推薦，父親加入了《美國鐵路高級管理人員協會》（American Association of Railroad Superintendents）成為會員。這是美國鐵路管理方面最負盛譽的組織、已超過百年歷史的國際性學術團體，會員資格限定於某一級別以上的領導人。除了父親，中國還有一位會員。

一年實習期滿。回國之前，父親向該公司運輸部總處長辭行，握手話別時，總處長對他說：「你回國後，將來一定會當部長。」

那位總處長說對了，交通部長是父親進取的目標。

生命的頂點

二戰結束後，我的全家遷到上海。

我在一九四六年春天背著書包上學堂。

此時，父親在等待交通部分配工作。父親選下鐵路運輸作為終生事業。在參加考選出國填表時，表上三個志願，他一無例外都填鐵道運輸。但世事非父親所能左右。他被派到首都南京市公共汽車管理處任處長，後任南京市鐵路管理處長。父親回國的第二年秋天，我的二弟安邦出生了。

一九四七年冬，任廣東建設廳廳長的謝文龍公公來信告知父親，宋子文繼任廣東省主席，要他兼任廣東省實業公司董事長。謝希望父親出任該實業公司顧問兼順德糖廠廠長。順德糖廠是除臺灣以外國內最大的糖廠，全部是德國進口的自動化設備，是廣東省實業公司屬下首屈一指的企業，也是省政府不可多得的堅實的經濟後盾，每屆省主席都任命自己最信得過的人主持。於是，父親前往市府向祕書陳述去意，請他們準備適當人選接替，但得到的答覆是不同意。不久，謝來電囑父親立即赴粵就任。父親正式遞交辭呈，沈怡市長批示「倚畀正殷，不准所請」。父親第三次再見沈市長，結果還是不讓走。

一九四八年五月二十日上午十時，父親作為首都各部、處的局長、處長之一，前往國民大會堂參加蔣中正第一屆總統的就職盛典。隨後，他以南京市處長的身分，去總統府禮堂參加只有二百人出席的、與總統相對三鞠躬的覲賀儀式。躬臨盛會的，都是黨國要人一時之俊。

父親沒想到這已是他生命的頂點。

鐵路運輸是我的事業

一九四八年十一月，國民政府搖搖欲墜。

南京作戰時部署，父親於兩個月後卸任。全家搬回上海。南京出生的三弟治平，剛滿四個月。離開南京前，父親函告謝文龍公公。謝立即寄來路費，叫父親仍去實業公司任顧問，兼順德糖廠廠長之職。

一九四九年初，國民政府朝不保夕。京滬一帶的各色人等，紛紛逃往香港、臺灣或者更遠的地方逃避赤禍。父親已託人代訂船位，全家正等候南下。

此時，父親收到一封信，內稱成渝鐵路要通一段車，籌備成立運輸處。鄧益光局長邀請父親去任該處處長。父親立即覆信，說明謝邀他在先，不能爽約。鄧第二封來信，要父親等在上海，他馬上來滬面談，謝處由他與之商榷。未幾，謝來信，為了讓父親學以致用發揮專長，同意他去成渝鐵路。鄧怕夜長夢多，來到上海，親自去航空公司找董事長，逼其設法弄到六人機票。鄧還給了父親若干安家費後，命其飛赴重慶。

母親從交通便利和環境安全方面考量，認為還是去廣州好。父親請求母親聽他安排：「鐵路運輸是我的本行，是我的事業。」

於是，全家人乘機離滬。到四川邊境時，由於飛機飛得太高，懷孕的母親和四個月大的三弟，被送進醫務室輸氧。從不生病的父親，在飛機飛過江西上空時，突然發冷逐步加劇，繼而發燒打抖難以支持。到重慶上空，濃霧鎖城無法降落，只得飛到成都打個彎，才又折回來。等候在機場的小車，不是把我們送去寓所，而是直接把父親送進了醫院。惡性瘧疾，住院、轉院、療養。這是一種災難的預示。

成渝鐵路由法國銀團投資修建。由於國共戰爭原因，時建時停。父親到重慶時，戰局已急轉直下。共軍截斷了漢口水路，機車無法運達。

父親無所施展，當一名空頭掛名處長。

總務處長簡玄素問鄧益光：「通車尚無把握，為何因人設事，急於弄齊尊周來渝。」

鄧益光答：「他如果去了別處，我就要不過來了。」

來到重慶後，由於法幣一日數貶，養家成了困難。

父親只能變賣母親的首飾過活，甚至連祖母留給他、保存了二十多年的唯一紀念品——一只小金戒指也被迫變賣。父親說：「娘呀娘，不孝之子到如此程度，我對妳不起矣。」

我是無懈可擊的

一九四九年四月二十三日，南京陷入中共之手。五月二十七日，上海陷落。十月十九日，四弟大同來到人世。他是家裡最小的孩子。

決定命運的時刻來了。

十月中旬一個晚上，鄧益光與父親祕談。鄧對父親說：「是我逼你到重慶來的。現在局勢危急，我不能留下來，立即要走。你走不走？」

父親回答：「我兩袖清風，一家七口，生活怎麼辦？」

鄧答：「你不必擔心，你的家我負全責。我們到香港做生意，成渝鐵路的資金全在我手上。」

父親認為，自己學有專長，共產黨建立政權，也需要技術人才。他決定留下來。與此同時，他還拒絕了去臺灣擔任交通部路政司代理司長的邀請，以及去柬埔寨做生意的機會。

父親從新聞報紙上看到過關於中共殘暴無情的文字，但他認為那是國民政府對中共的宣傳戰。即使新政權真的可怕，也不會落到他的頭上來，「因為我是無懈可擊的」。

父親報國的赤誠之心，體現在孩子們的身上。四個兒子名字為：興國、安邦、治平、大同。五個孩子小名為：貞、忠、仁、信、和。

三十年後，滿身創痛的父親，堅信自己愛國無罪。他說，如果時間可以倒流，他「仍然會作出堅留大陸的決定」。但他繼之哽咽著說：「當時我才三十七歲，我想留在大陸為國家和人民多做些有益的事啊。」

跟著毛澤東走

我家起初住在李子壩一座小洋樓裡，房間寬敞又漂亮。不久，搬到兩路口國際新村一號鐵路局宿舍。宿舍是兩層樓，共四十個房間，每間十五平方米，住一家人。家門對家門，中間狹窄黝黑的過道貫通首尾。這幢巨大的火柴匣式的樓房，坐落在浮圖關餘脈的山丘頂上。街道在半山腳，需從家門口下一百多級石梯。我們七口住樓下外側倒數第二間，四家人共用的廚房在後院天井，一個竹篾蓆搭成的簡棚。

十一月三十日，重慶陷落。共軍進入重慶——西南最大的政治、軍事、經濟和文化中心。全民慶祝新生活的來臨。

父親回到家裡，要母親同他跳舞。母親忍不住笑：「你瘋了？這裡怎麼跳。我正在做飯。」

父親把飯桌推到邊上，抱起一把木椅同它跳起來。進進退退，轉一個圓圈，再轉一個，好像真的在同母親跳舞。他嘶起歌唱家才有的口形，用他並不很準的嗓音高歌：「走，跟著毛澤東走。走，跟著毛澤東走。我們要的是民族的獨立，決不跟美帝做洋奴。我們要的是生存和自由，決不把生命當糞土。走，跟著毛澤東走，跟著毛澤東走。五萬萬個人，十萬萬隻手。高高舉起鋼鐵般的拳頭，打倒賣國賊，打倒吃人的野獸。還我們的血，還我們的肉，二十多年血海深仇，再不能保留，再不能保留。走走走，跟著毛澤東走，消滅反動派建立新中國。獨立民主自由幸福的前程，就在我們的前頭。」

五個孩子被眼前的父親深深吸引，拍手歡呼，扭屁股伸膀子，亂蹦亂跳湊熱鬧。父親不理我們，他一本正經，目不斜視，非常投入，完完全全地沉醉其中。

父親慶幸自己作出了堅留大陸的正確抉擇。他和母親以及五個在不同地方——韶關、貴陽、上海、南京、重慶出生的孩子們，終於尋到了安定的光明的環境。只要「跟著毛澤東走」，他就能竭盡全力為新中國奉獻終身了。

父親說，他「出頭」的日子到了。

脱胎換骨

然而，好日子卻到頭了。

重慶鐵路局升格為西南鐵路局。父親的職務從處長變為科長，並沒降級。但生活水準驟然下降，黑麵粉、糙米、牙膏、肥皂、草紙等生活物資按人口計領。

中共奪權後不久，鐵路局代表劉軍召開上千人的全體職員大會，當他講到「國民黨的官吏沒有一個不貪污的」時，父親立即從座位上站起來，大聲反駁道：「劉軍代表，你講的不是事實！」他指著自己的鼻子：「我齊尊周就一分錢也沒有貪污過！」

但毛主席可不像父親這般認為，在他眼裡，所有為舊政權服務過的人都是敲骨吸髓的害人蟲。毛要為自己的新政權打掃「政治衛生」。於是，他發動了建政後的第一場血腥運動：鎮壓反革命運動[1]。很快，鐵路局由軍代表接管，並成立了一個學習班，把原國民政府工作人員調去，美其名曰「學習」，其實是徹底交待歷史。父親也去了，他不僅不反感，反而很高興，認為「知人不易」，通過自己徹底的毫無保留的交待，讓鐵路局完全瞭解自己，這是好事。

父親的苦日子開始了。一九五零年三月十一日，西南人民革命大學成立。這是為國家建設服務而培養人才的黨校性質學校。各單位、機構送去許多留用的原國民政府工作人員。父親要求去學習，鐵路局拒絕保送他。但父親自己去了，一邊刻苦學習，一邊髒累活搶著幹。

父親每週回家一次，每次總是充滿朝氣，興高采烈。但入校兩個月後，父親心裡開始有了陰影。他發現學校是專門用來逼迫人交待歷史的。他不怕，因為自己

1　鎮壓反革命運動，指毛澤東清除政權敵對者，於一九五零年初，親自主持在全國範圍內進行清查和鎮壓異己分子的大規模血腥運動。鎮壓主要針對中華民國政府官員、特工、傳統會黨、幫派、土匪等人，具體方式包括處決、勞改、送監等。中共採取戰爭方式，按照人口比例，夜裡抓人，白天槍斃，有的地方甚至展開殺人競賽。一九五四年一月，公安部副部長徐子榮的報告稱：在一九五一年至一九五三年間，全國共逮捕二百六十二萬餘人，其中處決七十一萬二千人、關押一百二十九萬餘人、管制一百二十萬餘人。

的歷史清白。但校方利用「批評與自我批評」的武器和「小組幫助」的名義，用集體的力量強迫每個人交待，並且毫無根據地否認別人的誠實，肆意地侮辱人格。父親說到自己過去半生清廉自守時，小組人說他不老實。不老實就有問題，有問題就應當再追逼。父親對這種做法很反感：「我的歷史，你怎麼知道，憑什麼說我不老實？」

後來，父親想明白了：原來鐵路局不肯保送父親去，是因為他們早就通過辦學習班的方式，令父親「徹底的毫無保留的交待」，對他瞭若指掌了。父親自己交待的歷史，竟然成了自己的罪證。

鐵路還沒通車。無事可幹，全體職工上午上班，下午在家避暑。父親應重慶大學之聘，委任學校鐵道運輸系教授，每週上兩節課。父親每日下午照常去辦公室，閱讀鐵路運輸理論書藉，在業務上充實提高自己，為學生備課。

此時，我唸完四年級上期，數學不及格。父親每天下午帶我去他上班的地方，為我輔導數學。我的那個暑假被父親沒收了一半。但我從此對數學產生了興趣，成為我最好的一門功課。除了學習外，我還喜歡畫美女。

我在九歲時當上了學生會文娛部長。做了大官，也不影響我的自由和快樂。

母親的戰爭

一九五一年一月八日清晨，我和父親一起離家。分手前，我向他要一角錢，放學後去紅星電影院看蘇聯影片《他們有祖國》。前天是我的十歲生日，借此優待一下我自己。走出電影院後，我仍然感動不已，為那些回到祖國懷抱的孩子，為蘇聯政府不懈的努力。

回到家，天已黑。四個弟弟都睡著了。母親雙手扶著床頭，臉埋在手裡。父親的生活極其規律，按時上班，準時歸家，從不晚上出門。為什麼今晚不在家？我奇怪地問：「媽咪，爹爹呢？」母親抬起淚臉，沒講話，只遞給我一張字條。

紙條是父親單位的人帶來的，上面是父親的留言。請母親把他的日用必需品交給來人，並查收帶回的懷錶和皮鞋。「組織上為了弄清我過去的歷史，暫時不讓我回家。你不要耽心，弄清楚我的過去，就能更好地信用我，這是好事。」

父親此次是在軍管會學習班交代歷史問題。

鐵路局私設監獄，禁閉父親一年零七個月。

我們每天都盼望父親歸來。但過了一個春節，父親還沒消息。母親沉默寡言，很少在我們面前提及父親，她希望我們過正常的生活。但是對於她自己，一個長期受丈夫保護的女人，我們五個嗷嗷待哺的弱小生命，在她的羽翼下生活。

春天時，大弟興國開始上學了。我倆每天背著書包一起去一起回。

鐵路局把父親拘禁以後，既不通知家屬他在哪裡，也不解釋為什麼關押，更談不上何時家屬可以探視。無來自父親的片言隻語。他好像已被人從地球上抹掉。更要命的是，起初鐵路局說是帶薪學習，沒多久竟藉口鐵路局入不敷出、經濟困難而停發了工資，我們一家六口要斷飯了。

亨中舅舅從上海寄來了一些錢和一些舊衣服，還有一架「蝴蝶牌」縫紉機。這架縫紉機是我的乾爹葉宏材送的，他希望母親自力更生，靠別人接濟不是長久之計。

屋漏偏逢連夜雨。兩個月後的一天清晨，母親的雙手突然不能動彈了，手指和腕關節不能彎曲。母親病急亂投醫，吃了藥，不管用。一個鐵路人員家屬建議母親試試西德出的「亞陀方」。吃了兩瓶藥，母親康復了。

母親康復了，四弟卻生病了。醫生查出患的是小兒疳積病。三天兩頭進城抓藥，兩個月後才康復。父親送給母親三大禮物：鑽戒、海復絨大衣、浪琴手錶。海復絨大衣早已賣掉，這次連鑽戒也賣了。

毛主席在看著妳

終於有父親的消息了。

父親失蹤後，學校似乎不知道。我的日子過得快活，直到一九五一年秋天。

這天下午，正在上課。我被三男一女叫到隊部。巨大的毛主席油畫像占了整整一堵牆壁，一幅少年兒童隊隊旗掛在另一堵牆上。這三男一女都很年輕，穿著一樣的深藏藍嗶嘰鐵路制服，女的頭髮有點自然卷。

「自然卷」和顏悅色地同我說話，引誘我說出他們想要的話。

她問：「妳是不是少兒隊員呀？」

我答：「是的，是學校第一批宣誓入隊的。」

她問：「妳想不想做個好隊員呀？」

我答：「是的，我天天戴紅領巾，從來不忘記。」

她指著毛主席的像又問：「妳熱不熱愛毛主席呀？」

那還用問，我心裡對毛主席熱愛尊敬得要命。

「很好！」她誇獎我。接著：「妳願不願意聽毛主席的話，做毛主席的好孩子呢？」

當然，我天天都想。

她話鋒一轉，問：「想不想妳的爸爸？」

我答：「我想。」

「妳知道妳爸爸現在在哪裡嗎？」

我心情黯淡下來：「不知道。」

「妳知道妳爸爸為什麼不能回家嗎？」

我不知道。想起爹爹這麼久沒回家，我有點想哭了。

她把身子朝前傾，離我更近，眼睛盯著我的眼睛說：「妳的爸爸貪污了。」貪污？我望望坐在一旁的另外三個男人，他們的表情是肯定的。說不出為什麼，我的眼淚開始湧出來。

一個男的說：「妳爸爸的貪污罪行很嚴重，他貪污了公家的銀元。妳看見過沒有？」

我既不能相信父親貪污，也不能相信他們是在撒謊。對大人，特別是陌生的大人，我有一種本能的畏懼，從來如此。我一臉茫然，不知回答什麼好。此時，我哭了起來。

那個男的接著講：「妳爸爸貪污的銀元很多很多，是一個大箱子裝的。」

我儘量把眼淚眨回去，輕輕地問：「大箱子有多大？」

「有飯桌子那麼大。」他答。

「像我屋頭的那個飯桌呀？」

「噢。」他點頭。

我家那張桌子很大，可以坐八個人吃飯，這麼大的箱子，我可從來沒見過。父親去美國的那兩口鐵皮箱子，上面嵌著他中、英文名字的名片，還用油漆寫地址在箱面上，比桌子小得多，而且裡面全是衣物，我最愛看稀奇，早就透底翻過了。

「自然卷」發問：「妳見過那個箱子嗎？」

我搖搖頭：「沒有。」

「沒有？」一個男的鼓大眼睛瞪著我，我覺得害怕。我不願意別人說我撒謊不相信我，不願意別人說我不是好孩子，更不願意別人說我不願意當毛主席的好學生。我非常想給他們最好的答案，使他們高興滿意，就像課堂上回答老師的問題，我極力想拿好分數，自己也得意。但是這麼大的箱子，我真的沒見過。

見我哭泣，「自然卷」和氣地問我：「妳想不想妳的爸爸回家？」

我使勁點頭。

她說：「妳爸爸很不老實。他不肯交待自己的貪污罪行，所以還不准他回家。現在妳可以幫他的忙，」她頓了一頓，接著說：「如果妳幫爸爸把問題說清楚，就等於是他自己坦白交待了。那麼，我們現在就帶妳一起去看妳的爸爸。妳爸爸揹起鋪蓋卷，牽著妳的手，馬上跟妳一路回家。」

經她如此形象地描繪，我的腦海裡已出現一幅和爹爹手牽手回家的圖畫了。我多麼想念他呀。

我抬起淚眼望著她，心想：「我可以幫爹爹的忙？」

「怎麼樣？現在就看妳了，只有妳才能幫助妳的爸爸。」

女人的聲音，使我返回到隊部辦公室，想起了他們提到的一大箱銀元。

我無可奈何地回答：「我不曉得。」

一個男的說：「妳看，毛主席在看著妳，妳應當誠實。」

我看了一眼毛主席慈祥的笑臉，心裡難過極了。我說：「我真的不曉得。」

另一個男的叫我再好好地想一想。

不知道就是不知道，再好好地想一想還是不知道。我不明白他們說的誠實是什麼意思。

他們冷冷地等著我，好像剛才我在撒謊，現在要我講真話。我委曲極了，哭出聲來。我覺得我像個做了壞事的小犯人，正在受審。

下課鈴響了。

我用滿含淚水的眼睛，哀求他們開恩放我走。這樣我就可以混進湧出教室的同學，和他們一起在操場集合，再一隊一隊走出校門，誰也看不到剛才在隊部發生的那一幕，誰也不知道我哭過。但是，他們完全沒這個意思。他們似乎故意要拖到這一刻。

我坐的位置，左面是毛主席的巨幅畫像，右面是窗戶。操場上的同學、老師們，透過窗戶，一眼就能看清我。我不願意他們看到這個唱歌大王、跳舞大王在受審，在哭泣，在出醜。

我把頭埋得很低很低，恨不得蹲在地上。

「自然卷」打破冷場說：「妳看，這麼多同學看著妳。」她也注意到這點，「妳應當做個好榜樣。」

一個男的接著說：「妳還說要當毛主席的好兒童隊員，連這麼一件事都不承認。」

我低頭飲泣。他們一言不發，看我哭。操場上的同學開始一隊一隊往外走。外面的人走沒了，這幾個人相互咬了幾句耳朵。

「自然卷」開口說：「現在時間不早了，妳回家仔細回憶回憶，明天我們再談。」

出了隊部，我坐在操場的花圃旁等一會才走，現在出去還可能碰到同學。

弟弟興國跟著隊伍出去了又折回來，他坐在旁邊等我。我倆一路沉默地走回家。

回到家，我才知道，上午已有六個人到家裡逼母親交待了。

「怪不得那個男的曉得我家的桌子有好大。」我想。

母親說：「他們說齊尊周貪污的銀元是交給我的。真滑稽，我這輩子不要說有，就是看也沒看到過這麼大一箱子的銀元。」

在廚房裡，母親指著我對謝媽媽說：「妳看看，這些人有沒道理，連十歲的小孩都不放過。」

謝媽媽住我家隔壁，兩家人在一個廚房做飯。她對母親很好，我看見她倆常常有說有笑的。她的孩子謝文、謝武也是我們的好朋友。

第二天下午，這三男一女繼續引誘我說出他們想要的話。

我哭，我說不知道。

他們交給我一個新任務：「妳的媽媽態度很頑固狡滑，妳回去要好好幫助她，這樣對抗下去，會影響妳爸爸。」

我已昏頭昏腦，弄不清是他們對，還是母親對了。回到家，我對母親說：「媽咪，妳就坦白交待，不要再頑抗了吧。」

母親生氣地反問：「每天早上六個人來逼我還不夠，妳也來逼我了。沒有的事，我怎麼交待啊？」

半夜，我看見母親把衣櫃打開，鬼鬼祟祟地轉過臉看看有沒人，慌慌張張地把銀元拚命往裡塞。第二天清早，我迷糊了，弄不清是真有其事還是夢中所見。趁媽不在，我上下左右搜查櫃子，什麼也沒搜查到。晚上我惡夢連連，白天我頭痛欲裂。

兩週的引誘之後，我的神經臨近崩潰。我願意做任何他們要我做的事情，只要他們放過我，不要再來。

他們給了我機會。

那個裝銀元的箱子越說越小，從大方桌那麼大說到大箱子，從大箱子說到小箱子，從小箱子說到肥皂箱那麼大。

提起肥皂箱，有了。父親過去的鐵路老同事張春元，那時在什麼油脂公司工作，父親託他買過一箱黑貓肥皂送到辦公室，工友老許把它送到我家裡。我知道那是一木箱肥皂，每塊肥皂上面包有一層印有黑貓商標的薄紙，我替母親拿過。管不到那麼多，他們要我「誠實」。

我說：「是的，有這回事，肥皂箱子裡面裝滿了銀元，是老許送到我家的。」這幫人喜出望外，苦戰終於有了成果。他們要我把這件事寫下來，對我講話客氣了不少，我感到舒暢。

我拿起筆像寫作文，「……老許把一肥皂箱銀元送到我家時，滿頭大汗，媽媽叫我打盆水給他洗臉，還給他倒了一杯冷開水……」

他們看了一遍，叫我寫上名字和日期。

最後，「自然卷」說：「妳在上面蓋個指紋。」

我惶恐地望著她，不明白她講的是什麼意思。

她帶我到教師的大辦公室裡，多數教師還沒下班。「自然卷」一隻手託著借來的印泥，另一隻手捉住我右手的大拇指，當著眾人的面蘸一下印泥，在我寫的紙上摁下去。

他們拿著那張紙，臉上露出笑容，開心地走了。他們忘記了他們的許諾——帶我去見我的父親，然後一起回家。

從此，他們放我過關，每天下午我不必再提心吊膽。

我好了。但他們加劇了對母親的逼迫。

六個人輪番咒罵：「狡猾的狐狸精」、「陰險的女人」、「收了銀元不肯吐」、「拒不坦白，死路一條」、「想想妳的五個娃兒，捨不捨得丟下他們」、「妳的女兒齊家貞都檢舉你了，妳還在抗拒」。

最後，他們甚至說：「齊尊周都坦白了，妳還包庇。搞得不好，他放出來，妳又進去了。」

母親神情安詳，回答始終如一：「黨的政策是實事求是。沒有的事，我不能亂說。齊家貞檢舉也好，齊尊周坦白也好，那是他們的事。我確實不知道。」

母親沒責備我無中生有寫檢舉，甚至沒對我提及。

我是他們的母親

重慶市鐵路局要求家屬打「老虎」[1]。「老虎」滿天下。「打虎隊」忙不過來，把他們認為比父親小的「老虎」家屬交給家屬們來鬥爭。

「打虎隊」打母親時，她坐在那裡一言不發。

一九五一年三月十三日，中共開始對所謂的「反革命分子」進行全國性的大逮捕。之後，無論白天黑夜，鎮壓的槍聲此起彼伏。在重慶，也是如此。

槍聲經常從大田灣傳來，那兒是荒坡，也是堆垃圾的地方，離我家和學校都很近。現在，是處決的刑場。

從報上登的報導和照片知道，一次經常槍斃幾十或上百人。一長串嘩嘩啪啪槍響之後，一長串屍首倒臥在血泊裡。我們經過大田灣時都驚恐萬狀。在槍斃人的旁

1　老虎，指自然界的猛獸。也是中共對位高權重禍害一方者和奸商汙吏的蔑稱。

邊，政府舉辦鎮壓反革命成果展覽。放學後，我經常去看。特別是男扮女裝的臺灣派遣特務王瓊的現身表演，我看了一遍又一遍，覺得反革命很壞，特務很壞，臺灣很壞。

毛主席發動的「三反」「五反」運動[2]，也槍斃人。大田灣又是這批人的死亡之地。

在我們聽到的槍聲中，有一槍是結束父親原交通部同事張春元性命的。父親為赴美考試曾在他家複習功課一個月，那箱黑貓肥皂就是他幫忙買的。報上說張春元貪污五百萬元（現在的五百元），態度頑固拒不坦白，從嚴懲處。

其實，好多人不用政府花子彈槍斃。他們經不起「打虎隊」日夜圍攻追逼，自

---

2 「三反」「五反」運動，指一九五一年至一九五二年間，毛澤東和中共高層在全國發動的兩場以「反貪汙」、「反浪費」、「反官僚主義」和「反行賄」、「反偷税漏税」、「反偷工減料」、「反盜騙國家財產」、「反盜竊國家經濟情報」為主的政治運動。

「三反」是對共產黨內部及國家機關、事業單位各級部門，其目的在於通過肅清和懲戒一切腐敗分子的辦法，消除中共取得政權後幹部中出現的拜金主義和權力尋租；「五反」，是指在「三反」過程中，中共將矛頭指向了促使眾多幹部腐化的私人工商業者。這兩場運動對上海、天津、重慶等地區的經濟狀況造成了一定的衝擊，也製造了非常多的冤假錯案，有不計其數的商人或者資本家自殺。運動期間最為有名的口號包括「打老虎」、「打蒼蠅」等。

己「槍斃」自己了。鐵路局天天有新鮮消息傳來：某工程師幾天不見了，結果吊死在自己設計的房子裡；某某人給鬥了好久想不通，床上不睡睡到鐵軌上獻身了；某某人用剃鬍刀割斷喉嚨睡在血泊裡安眠。

我太小了，沒大人對我講這類事情。這類事情是自己灌進我的耳朵的。

我開始耽心母親會自殺。每晚睡覺都神魂不安，常常突然驚醒，坐起來大喊：「媽咪，媽咪。」

聽見母親說：「妳幹什麼，好好睡覺。」我才放下心來繼續睡去。

可是，當事情真正發生的時候，我卻因長期的心力交瘁而熟睡得一無所知。

母親壓力大到喘不過氣來，決定自殺。那晚，她準備了一大瓶來蘇爾（即消毒防腐藥），喝下去，必死無疑。

她後來追憶說：她看了一遍熟睡的我們，決定留幾句話。寫給誰，寫給父親？他在哪裡？能收到嗎？即使收到他又能做什麼？不行；寫給孩子？他們太小，最大的不到十一歲，最小的才兩歲，也不行；她決定寫給舅舅張亨中、張百鋼。一想到舅舅，她的心重重地一顫，怎麼向他們講？他們正竭力幫忙養大這五個沒父親的孩子。母親悄悄把自殺的藥物收了起來。「我是他們的母親，卻想逃避責任，拍拍屁股撒手不管了，我對得起他們嗎？不行，我不能這樣做，再艱難也要挺到底。」

是你們逼我寫的

「打虎隊」又來了。

一九五二年初的一個夜晚，謝媽媽把我喊到後院天井，輕聲告訴我：「家貞，今天晚上七點半，鐵路局那六個人要來看妳。」

這一生中，我親眼見過一個人被嚇得抖個不停的樣子，那就是我自己。我一聽，嚇得魂不附體，馬上周身發冷，劇烈地顫抖起來。我的上下兩排牙齒狠命地咯咯咯打架，像上足了發條，怎麼也停不下來。

謝媽媽用手緊緊地摟住我身子：「妳不要害怕！今晚我也在。他們要核對妳寫的檢舉，再把妳媽交給家屬鬥。」她指著我的鼻尖說，「今天晚上，就是有刀架在妳的脖子上，妳也不能再亂講話了，除非妳想整死妳的媽！」

我一輩子忘記不了謝媽媽眼睛裡的怒火。可是，聽說謝媽媽也在，我心裡踏實，不再害怕，停止發抖了。「記住了沒得？」她還不放心，又重複一遍，「就是有刀架在妳脖子上，今天晚上妳也不能再亂講了！」謝媽媽用手做了個刀架在脖子上的動作，我雞啄米似地使勁點頭。

「打虎隊」六人準時到來。

我被叫到蔡媽媽的房間裡。那個「自然卷」，後來我才知道姓廖，是鐵路局團總支書記，也是「打虎隊」隊長。她把我寫的檢舉給蔡媽媽、謝媽媽和另外一個家屬代表傳閱。然後，她舉起它問我：「齊家貞，這個檢舉是不是妳寫的？」

我馬上回答：「是的。」接著，我說，「但是，這不是真的，是你們逼我寫的。你們說寫了就帶我去看爸爸，把爸爸牽回家。你們騙我！」

他們想不到我會翻供，而且說他們在騙人，他們大吃一驚。「打虎隊」隊長再問：「齊家貞，這是妳親口講的，妳自己親筆寫的呀！」

我說：「對頭。其實是我編的。我每回都告訴你們，我不曉得，你們還要天天到學校來問我，我只好亂說了。那個肥皂箱裡裝的是一箱子肥皂，根本不是銀元。」我話音高昂，毫無畏懼，態度前後判若兩人。他們猝不及防，一時竟沒人開腔。我更大膽了，再補充道，「就是妳，」我指著「打虎隊」隊長說，「是妳捉住我的手蓋的指紋。」

我突然如此地勇敢起來，這是他們始料未及的，房間裡的空氣一下子凝固。蔡媽媽同那幾個「打虎隊」隊員商量了幾句，轉身對我說：「好啦，齊家貞，妳回去吧。」

我像英雄凱旋，母親和謝媽媽都笑了。

母親的戰爭

一週後，我和興國放學回家。剛走到半坡，等候在那裡的母親把頭探出窗外，叫住我們示意不要回家，她要講話。我倆沿著大樓外面的牆根走到我家窗下，母親扔下五角錢：「家貞，你帶四個弟弟到對面館子吃飯。吃完飯，在外面玩。直到我喊你們回家，才能回家。」

天都黑了，我們才被叫回家。走進房間，嚇了一大跳，這是我們的家嗎？亂得一塌糊塗，所有的東西像發了酵，成倍地膨脹了起來，滿地、滿床、滿桌子、滿椅子都是，幾乎沒我們的立足之地。母親笑著說：「鐵路局來抄了家。地板角有個老鼠洞，那人命令我拿根竹竿給他。他把長竹竿伸進洞裡捅來捅去，還轉過身來觀察我的臉色。」

銀元沒抄到，卻抄走了許多父親的書籍、照片、日記本、父親寫給母親的情書等個人物品。

第二天開始，我們全家受管制。平時，不准母親出門，上街買菜先向居委會請假，回來銷假。有人來訪必須先匯報登記，幾個人，什麼關係，幹什麼的，為什麼來。我和大弟每日上學前，先去蔡媽媽家接受搜身。褲子口袋朝外翻出來，仔細檢查是否藏物品。書包倒空，查看有無銀元贓物轉移。放學回來，先接受搜查，才准回自己的家。天天如此。

一天，為一件小事，我和一個小朋友吵起來。

她吵不贏我。她說：「我爸說的，妳爸是壞人，是反革命貪污分子。」

我反擊：「妳爸才是。」

她問：「那妳爸為什麼不准回家？」

這下可戳到了我的痛處。我一巴掌刮過去，兩個人扭打起來。我個子比她細小，眼看要敗下陣來，興國衝過來幫忙了。

一個週末，興國在門口地上揀了個燃著的菸頭。他用嘴輕輕一吹，菸頭紅亮起來，然後又黯淡下去。再吹，再紅亮，再黯淡，像鳥兒掀動翅膀。興國覺得好有趣，再揀一個放在石梯坎上，乾脆坐下來吹著玩。一個家屬看見了，連奔帶跑去匯報家屬委員會，說興國想放火燒這幢大樓。母親急如星火趕來，他的遊戲已結束了。

家屬委員會以教子不嚴為由，責令母親寫檢討，保證不犯類似錯誤才算過關。興國挨了母親的打。他不明白自己為什麼要燒大樓。原本內向的興國，更加沉默了。

口頭判決

這次真有父親的消息了。

一九五二年四月，母親請了假，去鐵路局交房租。在走出會計室時，她遠遠看見父親的背影。以前，有人告訴她，在鐵路局看見過父親，母親暗暗希望她也能碰到他。母親叫了兩聲，父親轉身迅速走過來。分別一年多，千言萬語不知從何說起。

父親一貫比母親好哭，此時已經熱淚盈眶。他叫了一聲「媽咪」。時間不允許浪費。母親問：「說是你已坦白你貪污了一箱子銀元，錢是交給我的？」

父親好生驚訝：「真的嗎？沒這回事！我怎麼一點不知道。」

多年後，父親回憶說：「他們在政治上整了我感到不夠滿意，還要在經濟上把我整垮，不發工資，栽誣我貪污，並且名正言順以搜查銀元為由抄家，希圖找到進一步的政治把柄。政治、經濟雙管齊下，置我於死地。」

八月，西南鐵路局門口，貼出一張開除「歷史反革命」齊尊周公職的布告。未經審理宣判，送他到重慶二塘公益磚瓦廠勞改。數月後，父親才收到一張判刑三年的紙。前面一年半多的關押不算刑期。

中秋節晚上，父親被勞改隊的陳隊長叫到外面來，幾句寒暄後，他惋惜地說：「齊尊周，要不是你那麼自高自大，啷個（怎麼）會來勞改喲！」

三十年後，在父親一再要求下，重慶市中區政協一位李姓幹部，去法院催促重審父親的舊案。從法院得知，送父親坐牢的劉軍代表，後來的成渝鐵路局長，他口頭對祕書打了個招呼，送齊尊周去勞改。到勞改隊四個月後，才由最高法院西南分院補發了一張判決書：「齊尊周解放前係軍統特務，……解放後隱瞞歷史……判刑三年，刑期從判刑之日算起，……」等語。

爹爹不是很好嘛

一九五二年八月十二日，我家被鐵路局掃地出門。我和興國上學不再被搜身了。

舅舅、舅媽和一對兒女，住在和平路，他幫我家租了一個十二平方米的房子。房租每月十元。

小學畢業。我考上了重慶市第廿一中學。

吃飯是個難題。稍微值錢的東西都已變賣，吃進肚皮。

年底，母親收到父親的來信說，家屬可以接見了。母親到勞改隊看望父親。父親告訴母親說：「三年時間很快就過去，回來就好了。」

一九五四年秋，母親讓我帶了些草紙、肥皂、信封、信紙等日用品，還有一些吃食，跟著陸媽媽和她兒子陸寧一起去勞改隊探親。他們看望的陸伯伯，是個一生謹小慎微、膽小怕事的人，因為所謂「歷史反革命」被判刑五年。

當父親被勞改幹部帶來時，我幾乎不能接受這位衣服打滿補丁的破叫花子是我爸爸。三年不見，父親原來每日梳理得整整齊齊的頭髮被剃掉了，露出扁平的後腦勺，面頰枯瘦，眼神悲切。看到父親的模樣，我埋頭哭起來。父親拉拉我的手，打開包裹，翻出一包花生糖遞給我吃。他說：「哎呀，我的家貞女兒這麼大了喲。不要哭，爹爹不是很好嘛。」

一九五五年底的一個晚上，父親回來了。他推開房門，輕輕喊了聲「媽咪」。我們已能夠看到他眼裡閃動的淚花了。母親對我們說：「喊爹爹，爹爹回來了。」我第一個叫了一聲「爹爹」。興國遲疑了一下，也叫了一聲「爹爹」。其餘三個弟弟已不會叫「爹爹」了，他們的記憶裡沒「爹爹」。他們呆望著父親沒吭聲。

父親刑滿釋放，現在松山化工廠牙膏車間就業。無孔不入的牙膏粉，撒滿他的全身。今天第一次得到歸宿假。為了省車費，他走了許多路，又走錯了地方，全身像遮了一層霧，所有的線條都變得模糊。母親叫我給父親打熱水洗臉、洗腳。母親發現父親那雙補疤的破球鞋沒鞋帶，叫我出去買一副。

等我回到家時，氣氛已解凍：兩個最小的弟弟被父親抱著，同意坐在父親的腿上，一條腿坐一個；兩個弟弟一側一個，美滋滋地緊靠著父親。安邦正清理他整個冬季天天流淌的鼻涕，興國眼睛裡又盛滿了笑意。

父親在母親和五個孩子面前，臉上一片祥和，慈愛地笑著。母親給父親做了點吃的，催促他趕快把孩子放下。

此時，我快滿十五歲了。興國讀小學四年級。安邦讀二年級。治平已長成一位小紳士。父親離家時，大同才十五個月，剛會走路，如今已六歲，即將讀書。

在親友們不遺餘力的幫助下，母親把我們拉扯大。五個全在，一個不落。

做中國的「居里夫人」

一九五六年秋，我考上市第一中學，離我家二十五華里。這是重慶最好的中學。該校必須住讀，還要繳學雜費、書本費、伙食費，一共要繳納二十元。我擔心沒錢不能入讀。母親看過入學通知單，微微笑了一下，什麼也沒說。

父親留隊就業，每月二十九元五角工資，只能交給母親二十元。家裡能拿去當鋪典當和拍賣的東西越來越少，檔次越來越低。夏天，母親把用不著的舊鴨絨被棉絮、棉衣當進去。冬天，設法籌錢把它們贖出來，又把夏天的衣物押進去。

母親為給我繳納學費，把乾爹送的那臺無敵牌縫紉機賣了一百二十五元。縫紉機被搬走半小時後，我們收到齊敬嬰（祥侯）叔叔從香港寄來的一百五十元港幣支票。再後來，母親每月都會準時收到敬嬰叔叔的支票。每期開學前，敬嬰叔叔不會忘記多寄一些作為我們的學費。到了過年，他另加一百元給我們五姐弟，教我如何按年齡大小分配，我最大分得最多。他的細心使我們幾個孩子仍然感到生活的樂趣和人情的溫暖。

我代表全家寫信謝謝敬嬰叔叔。他回信說：「不要謝，應當謝謝你們的父親。因為我在上海同濟大學讀書時，你們的父親幫助過我很多。」

父親後來追憶說：「是嗎？我不記得了。」

我在學校過得很開心。除了做好功課，還練習我的愛好——畫美女。每週六下午的歸宿假，我可以回家看母親和弟弟們。

第一次讓我思考死亡，是兒時好友王熙珍的病死，她才活了十七歲。一個朝氣蓬勃的人，永遠從人間消失了，這深深地觸動了我。我突然想到我自己，我也會死。既然每個人都要死，那末我一定要活得有意義，絕不能虛度這一生。父親是我的楷模，居里夫人是我的榜樣。我要以父親堅韌不拔的毅力勤學苦讀，我要以居里夫人犧牲自我的精神把自己奉獻給人類，做中國的「居里夫人」。

上高三時，來了一個插班生，名叫計秉一，坐在我旁邊。一次離校後，她告訴我，剛到這個班，團組織就提醒她：「注意齊家貞，她很反動。」一年同學下來，她說：「我不但不覺得妳反動，反而覺得妳很好。」

老師和同學長期歧視我，而我根本不在意。我一心一意要學原子核物理，要當「居里夫人」。在大學志願表上，我只選擇了這一個專業。班主任黃惠靈旁敲側擊地建議我，填志願和填學校要像下樓梯一樣，一步一步往下滑，不能填成平板。他說：「妳的成績，當然……，但是，妳還要考慮別的因素。」我覺得這好像在做生意討價還價，沒理睬他。

父親的淚

父親在松山化工廠就業，偶而被派到沙坪壩區當採購，他就會順路來學校看我。第一次我走出教室，突然看到父親笑瞇瞇地在等我，我也對他笑了。

父親非常興奮，請我出去吃飯。這是我懂事以來第一次享受與父親在餐館共進午餐。他覺得女兒已長大，可以談談心了。父親的談興很濃，像與母親講話。他說，好消息來了，報上登載要招聘高級知識分子。他決定去應聘。父親笑著說：「我們只是吃了點苦，並未毀滅，統統都不必計較。」

我用筷子敲敲父親的碗，提醒他別忘記吃飯。他笑了。

父親以美國實習深造人員、美國鐵路高級管理人員協會會員和重慶大學鐵路運輸系教授的資格應聘。他寫了一篇〈論中國鐵路電氣化〉一萬字的論文交上去。不久，成都招聘委員會回信：「應聘合格，等候分配。」

全家人高興。過去的一切已死亡，我們已重生。一九五六年底，父親以等待應聘分配為由，辭職回家。等待應聘的這段時期，父親去民辦中學代課，教平面幾何，每月工資十三元。但由於中共行政當局朝令夕改，知識分子應聘之事無疾而終。父親沮喪。

此時，我們收到敬嬰叔叔來信。他說，最近他以父親的名義將祖父母在金邊的故墳修葺一新，立了一塊新墓碑，上面刻著父母親和我們五個孩子的名字。他的家眷安頓在柬埔寨，自己在香港做進出口生意，澳門還有一家製衣廠。「你是不折不扣的華僑後裔，為什麼不申請出國？我的生意需人，你出來做我的幫手吧。」

一扇門關閉，另一扇門開啟。出國，成為父親全力爭取的一家人的活路。一九五七年夏末秋初，父親提出護照申請，理由是出國謀生。但護照拖了半年還發不下來。

考慮到可能要有較長時間的分別，全家人到照相館拍了一張全家福。這是我們家惟一的合影。

我們這個家，幾乎有六年家庭教育的空白。母親為五個孩子三餐一宿從早累到晚。我們小孩子過著放任自流的日子。

一九五八年大年初一，發現二弟安邦口袋裡有個陶瓷兔子。那是頭天晚上在舅媽家吃年夜飯時，從他們家裡拿回來的。父親生氣，在他肩上打了一巴掌。安邦先愣了一下，接著哭了起來。父親從未打過我們，他總勸母親對孩子的教育要有耐心。今天，他發脾氣打人，我們四個嚇得沒敢講話。安邦不承認做錯了事。父親又打了兩下。安邦用髒話反擊，還說不認父親這個爹爹。父親驟然停下來，一言不發。

下午，父親把我們召集在一起作檢討。母親坐在父親身邊默默地織毛線。父親的眼睛紅紅的，他流過淚。他說，作為父親是有愧的，不該打安邦。他既沒給我們應有的家庭教育，也沒給我們買過玩具或書藉。他雙手在治平、大同的頭上輕輕撫摸。「我向你們檢討並且保證，今後無論在什麼情況下，我都決不再打你們。」

拿不到出國護照。敬嬰叔叔與他的兩個哥哥三人聯名，給北京華僑事務委員會主席何香凝寫信，要求協助堂兄齊尊周出國與他們共同經商。僑務辦公室回信稱，已去信給重慶市公安局催請妥善處理。全家人又開始新一輪期盼。依舊沒有消息。

此時，毛主席訪蘇回來，要中國人十五年「趕英超美」[1]。轟轟烈烈的大煉鋼運動[2]開始了。我的學校在暑假參與煉鋼。學校已成為煉鋼廠，校內小高爐林立，男同學煉鋼，女同學打雜。學校三天兩頭組織學生敲鑼打鼓到區委報喜，煉出了多少鋼，其實煉出來的都是一坨坨派不上用場的廢鐵。一個女學生中暑而死。

父親對社會現狀憂心忡忡。終於等來了公安局的消息：父親要再填一張表，具體說清楚出國路線。他們似乎打算放行。父親一趟趟去公安局催問，護照還是難產。

1 「趕英超美」，這一口號最早於一九五七年毛澤東在回應赫魯雪夫的「蘇聯要十五年趕超美國」說法所提出的要讓中國鋼產量在十五年內趕超英國。在一九五八年，毛澤東前後提出兩個口號，口號包含鋼產量十五年超出英國及二十年趕上美國兩個目標。事實上，口號中隱藏著毛澤東的勃勃野心，他把煉鋼產量作為軍事目標，通過群眾運動，在短時間內，超過英國、美國和蘇聯鋼產量的綜合，成為地球霸主。

2 大煉鋼運動，指一九五八年八月十七日中共中央政治局擴大會議通過《全黨全民為生產一千零七十萬噸鋼而奮鬥》的決議，毛澤東提出「以鋼為綱」號召全民煉鋼，確定「兩年超過英國」。毛說：「洋爐子不夠，就上土爐子。」於是，全國人民大造「土爐子」，在各行業之間展開競賽。這場運動致使中國約損失二百億元，造成人力、物力、財力的極大浪費，嚴重削弱了農業，嚴重衝擊了輕工業和其它事業。

一九五八年八月二十三日，毛主席下令炮轟金門[3]。我的表姐夫、臺灣空軍少將、金門防衛副司令章傑被炸死。這次轟炸的間接結果，是父親與我們短聚之後再次的長別。十月一日國慶節之後，當局要父親參加集體改造。

臨行前，全家人到電影院看了一場香港電影《天倫情淚》。電影講述一個男人帶著他一雙小兒女祭墳，然後倒敘一個出身富貴家庭的女子，不顧她父親的百般阻撓，堅決嫁給自己的窮戀人，受盡生活的煎熬過早離開人世的故事。電影演完後，觀眾紛紛散去。我和母親站起來準備離開。父親坐在椅子上紋絲不動。我提醒他，場內已沒人了。父親似乎沒聽見。好一會兒，他站了起來，淚流滿面地對我說：「和這個電影一樣，妳媽咪因為愛，嫁給了我。但是，我卻不能給她幸福，我愛她卻害了她。」

3 炮轟金門，在一九五八年七月十八日，中共召開緊急擴大會議，為支援中東、牽制美軍，毛澤東在會議上宣布：「現在開會！大家都知道了，世界上有一個地方叫中東，最近那裡很熱鬧，搞得我們遠東也不太平；人家唱大戲，我們不能只做看客，政治局做出了一個決定——炮打金門！」毛澤東表示：「美軍在黎巴嫩、英軍在約旦登陸，鎮壓中東人民的反侵略和民族解放運動；我們遊行示威是一個方面，是道義上的支援，從政治上打擊帝國主義；同時，我們不能限於道義上的支援，而且要有實際行動的支援。」攻打金門、馬祖地區，牽制美軍在遠東的兵力。中共軍隊率先於八月二十三日炮擊金門，中華民國軍隊隔海還擊，這是國共雙方陸海空軍至今最後一次大型軍事衝突。

我的戰爭

我填寫的大學志願，是南開大學原子核物理系和清華大學。但等到的卻是重慶市煤礦中等專業學校的錄取通知書。原來原子核物理專業是國家保密專業，不對外招生，只從保送學生中選取。

我放棄了在重慶繼續讀書。據說廣州申請出國讀書比內地容易，我想去打探一下。把父親送給母親的浪琴手錶賣了六十元，再向母親要了十斤全國通用糧票，決定南下廣州。這是我十八歲以來第一次出遠門。先搭船到武漢，再轉火車到廣州。我住到乾爹高謂初家。後投奔到表叔黃品傳家。表叔的母親和父親的母親是親姐妹，是父親所有親戚裡血緣最近的親戚。

我把希望寄託在香港的祥卿叔叔的兒子齊必凱，還有在美國的父親的義父謝文龍公公身上。謝在中共於一九四九年奪取政權前去了香港。父親後來通過香港友人，找到了謝的地址。謝給父親回信說，他已移民去美，替兒子的房產公司做事。

謝從父親的信中得知我想出國讀書，非常贊同。我想通過他們的幫助，申請去美國讀書。謝聽說我去了廣州，叫我去他廣州哥哥家裡拿五十美元零用。

祥卿叔叔的兒子齊必凱來廣州見我，同時還見到了他的朋友莫斌。莫原為廣州一所中學的體育老師，現退職在家賦閒。莫得知我的出國想法後說，申請出國護照，不僅要有充分理由，更重要的是要政府放心，出去之後不說共產黨壞話。「內部有檔規定，幾種人不能放出國，其中包括坐過監牢的人。妳父親被共產黨整了，他……」聽莫提到父親，我心涼了。

莫後來低聲告訴我說，他正尋找出國門路，「設法偷渡出去」。我不相信。莫說很多人就是這樣出去的。莫講話的神態嚴肅認真，我看了必凱一眼，他知道我們在講什麼，沒否定。我相信了。

我請求莫，找到門路後把我也帶出去。他爽快地答應了。父親前途已毀了。我希望莫也能帶父親出去。我告訴莫：「如果一次不能走太多的人，讓父親先走，我年輕可以等。」莫也慷慨地應允了。

必凱回香港了，留下莫做我的希望。

莫斌偶爾來信，寥寥數語，告訴我，他去了何地，何時回廣州。我盼望他找到門路。他是我的救星。

等不到他的消息，我決定去找他。見到了莫，他問我是否願意同他到西南縣找門路。我願意。但在旅館住宿時，莫被查房的警察帶走，並叫我第二天早九點去派出所接受訊問。

在派出所，我謊稱莫斌是我的男朋友，我們在談戀愛。警察似乎相信，這是一個無知少女受騙上當的案子。後來，派出所給我一張回廣州的車票，算是釋放了我，莫斌的下落，我沒敢打聽。

十天後，莫斌仍音訊杳無。我在廣州繼續待下去已無意義，於是返回了重慶。

只有爹爹有人送吃的

一九六零年，是毛主席高擎「三面紅旗」[1]邁向共產主義的發高燒的一年，也是飢荒席捲全中國的一年。人們無時無刻不在思念、談論、追尋著果腹的食物。

我家有敬嬰叔叔寄來的僑匯，還郵寄給我們豬肉乾、牛肉乾、通心粉等食品。我和母親去郵局取包裹，郵局要打開清點，周圍豔羨的眼光像探照燈。母親把僑匯和寄來的食品全部鎖在我的床頭櫃裡。沒母親的同意，誰也不許動。

共產黨的絕對平均主義，此時在我家的飯桌上得到絕對的貫徹。母親不分男女、不分大小，一律一視同仁：中午和晚上，每人罐罐飯三兩。為

1 「三面紅旗」，是中共對社會主義建設總路線、「農工業生產大躍進」運動和人民公社的統稱。毛澤東發動的這場人類史上最荒謬的群眾運動，導致中國在一九五八年至一九六二年發生嚴重饑荒。史學界稱，這場運動餓死三千五百萬至四千五百萬人。

使配給的雜糧和大米同步消耗，洗米的同時，就把綠豆摻在一起。碰上母親宣布中午吃麵，那才真的是在過年。母親的政策是吃飯三兩，吃麵半斤。

父親除了國慶、春節假期長一點可回重慶，平時週末幾乎不回家，因為路上花的時間太多。但國慶、春節等大假，上面不放心讓階級敵人進城，往往不開恩放行。每隔一段時間，母親把積存起來的食品寄給父親。

收到父親來信說，他們集改隊要轉移，某日傍晚六時左右經過朝天門河邊，叫弟弟送兩件汗衫、兩條內褲去。

母親拿麵粉做了兩個大餅，包在衣褲裡，讓弟弟興國和安邦到河邊去等。回來後，興國開心地說：「我告訴爹爹裡頭有燒餅，他馬上扯一個出來吃。一起的人看了好羨慕喲。這麼多人，只有爹爹有人送東西。」

姐弟的戰爭

人為製造的災難，不光停留在肚腹的飢餓上，還烙印在家庭出身上。

大弟興國從達育小學畢業後，別無選擇地進了官井巷民辦中學。共產黨強調教育為無產階級政治服務和貫徹階級路線。公辦學校只接收家庭出身好的學生。家庭出身不好的孩子，只能選讀民辦學校；這些十二至十五歲的孩子，每週三天上課，三天上班。上班時跟成人一樣做八個小時，掙的錢養活學校。孩子們每週必須在工廠裡的「動」和課堂上的「靜」之間調整；興國小時盛滿笑意的眼神，早已蕩然無存，瘦削蠟黃的臉上，常常木無表情。

安邦讀書不錯。他寫信給正集改的父親：「爹爹，你好，我馬上要小學畢業了，老師說我長得還可以，叫我考戲劇學校，你覺得怎麼樣？」無論父親回答他好還是不好，其結果都是一樣：戲劇學校不會收他，連普通中學也不要。勞改過三年的「歷史反革命」父親，正接受集體改造，他的子女沒資格享受正常人應有的教育權利。安邦的命運，沒大哥興國好，他進了師資和管理更糟糕的七星崗民辦中學。

我的一中俄語老師許文戎，舉薦我給四個高中畢業班學生輔導數學。我的工資按高中畢業生待遇，與正接受集體改造的父親一樣，每月二十九元五角。這是我十九歲的人生中第一次的教師生涯。

我吃了兩個多月的教師飯。

隨後，我的教師生涯結束。我離開一中，也參加了高考。當然，得到的是一張「不錄取通知書」。

這年秋天，我去浮圖關小學代課。我清晰看到飢餓在校長和學生的身上啃出的皮包骨。

四個朋友

蔣忠梅可能是使我和父親入獄的元凶。

一九六一年初的一天，蔣忠梅敲開了我家的門。她表明她是政府派來給地段病號發肉票、煤票、油票的人——這只是公安局派她來與我交友的藉口。我不得不遺憾地告訴她：全家除了六張想打牙祭的嘴，沒啥病。

我們交談。她說，她二十九歲，與八歲的女兒和七十歲的母親住在上清寺。她的丈夫因「歷史反革命罪」在新疆勞改，弟弟被冤枉打成反革命判刑八年。我們同命相連，很快成為好友。

我還有三位老朋友：第一位是一中女同學朱文萱，同年級不同班；第二位是一中同學尹明善，出身地主家庭，高中畢業後在沙坪壩一家塑膠廠當了工人；第三位是一中同學的初中同學，名叫吳敬善，富農出身，高中畢業後在兩路口民辦中學搞雜務。

我們四個人在彼此的家裡碰面。我們嘆息前途的渺茫，更埋怨食物的匱乏。尹明善到農村走過一趟，提及他的見聞。他說，有一個農民出賣一頭死小豬，把牠用報紙裹得緊緊的，叫價五十元。要就付錢，不要就拉倒，不准打開檢查。有一個人不信邪，付了五十元，管牠是啥都認了。打開一看，是個死娃兒。

我和朱文萱齊聲叫起來：「哎呀，只好不吃了。」

尹明善答：「不吃，啷個不吃？死豬吃得，死人啷個吃不得？歷史上早有記載災荒時期食子和易子而食的事，現在都發生了。」

我們被浸漬在飢餓的現實裡，所見所聞多不勝舉。但尹明善的親身經歷令大家毛骨悚然：共產黨、毛主席怎麼會把中國老百姓弄到吃人的境地。我說：「如果我能去香港，我要召開記者招待會，揭露三年自然災害的真相，控訴共產黨對我父親的迫害。然後去美國讀書。」

我的戰爭

在廣州的莫斌早已釋放，並與我保持通信。他細小工整的字，像一塊塊築路的磚頭，鋪向我出國讀書的美夢。

六月中旬，我收到莫轉給我一封別人寫給他的信。信前稱呼「莫兄」，後面無署名，以「三月十五日草於河邊」結尾。

信上稱，莫是「振臂一呼，天下英雄豪傑雲集的領袖」，他們願意談判，聚集在莫的麾下。還描繪了「沒有蠟光的、黑黝黝的農村」現狀，堅信「飲美酒、吐苦水的那一天定會到來」。最後鏗鏘有力地指出「我們失去的是鐐銬，得到的是整個世界」。看來好像是兩個對現實不滿的組織正切磋，打算聯合。

我馬上把信拿給蔣忠梅看。她認為這十六個字題得好：「團結起來、喚醒民眾、軍政並舉、聯合外力。」

我對這十六個字，不明白它在講什麼。同我十二年學的數理化等功課相比，它代表了一個我一無所知的世界。但或許為了掩蓋我的無知，不願蔣小看我，我趕緊附和說：「是的，是的，我也這樣認為。」

蔣忠梅用指頭敲著信上的這十六個字說：「我們應當遵照它去做。」

我決定再去廣州找莫斌。

第一次去廣州，我賣掉了母親的錶。

這次去廣州，我賣自己的血，得了三十元。再賣掉半斤豬肉和四兩白糖的營養補充票，一共湊足四十元。朱文萱借我二十元，和第一次一樣，我有六十元上路了。

這次，莫斌又進了監獄。從莫的朋友湯文彬得知，他們用大量的錢買通了邊境的漁民，由漁民划船出海把人帶出去。第一批準備偷渡的有四個，包括他的弟弟，一個年輕文靜的會計師。如果成功，再走第二批、第三批。為防止海上出事，他們正加緊練習游泳技術。

湯所說的邊境在什麼地方、偷渡時間、具體的行動步驟，我完全不知，也沒探問。我興奮地寫信給蔣忠梅和朱文萱，要他們學習游泳。

等待的日子無趣，我想回重慶。

湯文彬說：如果他們嘗試的那條路通了，那麼他會馬上來信告知。那時，我和父親再南下，時間也來得及。

父親的戰爭

父親在一九五八年國慶節被集體改造後，先築鐵路，接著修鐵路大橋。由於識字和寫算，幹部叫他任施工統計。交通便利，父親兩、三個月回家一次。他常寫信回家，內容多數是擔心母親的身體，照顧好孩子，有時也寄回關於蕃茄、土豆營養豐富的剪報。後來，大橋峻工後，父親等人被調去綦江修公路。綦江與重慶相距一百餘公里。

父親寫了一封長信，他要母親設法帶五個孩子南遷廣州，在重慶待下去是死路一條。通常，信是交給幹部帶到鎮上投郵。父親怕幹部拆查這封信。委託一位難友探親時面交給母親。但那人把信交到了隊部。

幹部批評父親不安心改造，還在胡思亂想，全國都在共產黨領導下，思想反動，到哪裡都沒前途。

父親的心思，我懂。

當我第一次南下廣州後，父親回家。得知我的行蹤後，他高興地寫信給我，鼓勵我不要坐以待斃，爭取出國讀書機會。「你勇敢地衝鋒，受了傷退回來，家庭永遠是你溫暖的後方。」

父親第二次回來，恰好又碰上我第二次去了廣州。兩次赴粵，都是我自己的決定。事前沒去信同他商量，事後也沒去信讓他知道。這次父親回家，發現了「草於河邊」那封信，他把它燒了。同時，受蔣忠梅邀請，他們一起在外面喝飲料。父親說：「蔣是個了不起的女人。」

一九六一年九月十九日，我帶著母親積攢的食品和從廣州帶回的點心，去綦江九鍋箐農場探望父親。父親年紀大了，農場讓他當保管。父親保管蘿筐、扁擔、沙釬、手套、墊肩等工具及勞保用品。他一人住在小棚子裡，不必像其他集改人員那樣睡通舖。棚子很矮，父親必須彎腰進出。他白天在庫房裡上班，每晚要參加政治學習兩小時。

父親的臉和全身浮腫。他見到我特別高興。他說，等大家都睡了後，請我「吃好的」。

父親洗腳時，我發現他的雙腳浮腫得嚇人。他說，他的雙腳從一九五八年開始浮腫，早晨腫，晚上消。不過，這兩年浮腫得更凶了。父親笑著安慰我不要擔心。他說：「你看它消了又腫，腫了又消，我還不是活著！」

燙好腳，父親倒掉水，提著桶走了。

突然，不知何處傳來一種奇怪的聲音。我用力聽去。原來是人在哭。沙啞的抽噎聲，從體內慢慢爬上來，發出一聲悶吼，然後慢慢弱下去，完全消失。之後，再次重複。除了悶吼外，其餘的時間是悄無聲息。

這是一個男人的哭泣，持續了近二十分鐘。

半晌，父親回來了。他手提那個大鉛桶，裡面是半桶煮好的青菜頭。父親與集改隊蔬菜組的人勾結，在地裡偷生菜。然後，用三塊磚頭搭成的爐灶，把它們煮熟。父女倆把洗腳桶裡的菜吃光了。

第二天早上，父親改變吃二兩饅頭和一兩稀飯的常規。買八兩乾饅頭，用糖開水代替稀飯，來它一個半硬飽。

一大群穿得破爛不堪的集改人員，聚集在伙食團外面的大壩子上，享受著自己的早餐。他們手上的盛具一個比一個大，一個比一個怪。

伙食團為表示賣出的饅頭秤夠糧足，不再把饅頭做成一兩糧一個，而是把饅頭做成長條。賣時，用刀切下過秤。重了，切下一點。輕了，再補上一點。買飯的人都抬起頭來，用針似的眼光追隨著饅頭，假如饅頭有感覺，它一定被那些眼神刺痛。

我與父親的相會，是又一次的告別。

父親缺席的團圓節

一九六一年九月二十四日，中秋節。

之前的這個節日，母親根本不當回事，因為父親長年在外，談何中秋團圓。但今年例外。

興國初中畢業，不被允許參加升學考試。在家待了一年後，他被分配到重慶通用機器廠當學工。

這天，他一生中第一次領了工資。下班後，他從十餘公里外走回家。交給母親五元。發給我和其他三個弟弟每人五角。他還買回一把高價藤藤菜。母親炒菜時多放了幾滴油——藤藤菜發出綠油油的光亮。

我從廣州帶回的粵式點心權當月餅。過了一個父親缺席的中秋節。

現在宣布逮捕妳！

一九六一年九月二十八日傍晚，我和母親去一家小飯館享受了一餐。晚上，試穿了母親為我織的粉紅毛衣。母親說，肯定讓我穿著它慶祝國慶。

粉紅毛衣的純羊毛線，是父親從美國帶回來給我的。我等待了十五年。母親每年拿出它曬太陽時，我都要用我的眼睛親吻它數遍。

九月二十九日上午，我正在家讀傳記《居里夫人》。一個小個子男人跨進房間，看了我一眼，並環顧四周後，一言不發地走了出去。他大約是找錯了門，我低頭讀書。兩分鐘不到，衝進來五個男人，一個女人。我驚愕地望著他們，不知道他們要找誰。

一個三十多歲的公安員，拔出手槍，對準我的胸膛，厲聲喝道：「不許動，舉起手來，現在宣布逮捕妳！」我舉起了手，順從地按照公安的指揮，在他出示的一頁紙上簽下名字和日期。他把衣袖撩起看了看手錶說：「這裡，填十點鐘。」

我的雙手被反銬在背後。我的母親很快被從工作的地方召回來，她臘黃浮腫的臉濕汗漉漉。母親盯了我一眼，再看著幾名公安人員，沉默不語。

一個公安大聲宣布：「妳的女兒齊家貞因『反革命罪』被逮捕了，現在開始抄家。」

「她一個小女孩，能做什麼反革命呀？」母親問道。

「這個，妳還問我？妳最清楚！」這名公安怒吼。

女公安叫我站起來，她開始搜身。衣服、褲子、口袋翻遍，再解開外套，肩頭、腋下順著摸下去。後來，把我帶到房外等候。公安花兩小時，抄走了一九五二年抄家時的漏網之魚：中英文書藉、古舊圖書、信件、筆記、家庭相冊、所有帶字的紙，還有兩張掛在牆上的母親年輕時拍的照片。

突然，一名公安對走進房間並從地上揀起什麼東西的母親呵斥道：「妳手上拿的什麼？快點繳出來！」母親的手不情願地攤開，手心上是一張我的一寸照片。

此時，郵差在樓下喊我的名字，讓我取信件。一名公安搶走了信件。

我看到母親快要哭了。我對她說：「媽咪，請妳把《居里夫人》，還到枇杷山圖書館。」

樓下有人群在觀望。

我看見揹著書包站在最前面的四弟大同，他被阻攔在樓下。興國在上班，安邦、治平還沒放學。一名公安提著我，往吉普車的後座一推，左右兩名公安把我夾在中間。和平路看著我被抓走了。

中國地圖

重慶市中區石板坡看守所正張著嘴巴歡迎我。

一名女獄警用剪刀從根部剪掉我蓄了三年的辮子。脫到一絲不掛，檢查。她隨後扔給我一套深藍色的囚服，外加一條內褲。看到我冷得發抖，她從一大堆衣山裡扯出一套灰色棉衣褲扔在我面前。那是公安制服，他們以舊換新，舊的給犯人禦寒。「拿去，今後妳就叫這個名字。」一名管理員遞給我一張紙條，上面寫著「一六八」。

二十一號監室正張著嘴巴等我。

女嫌疑犯們正集體睡午覺，老的少的像兩排篾齒，頭頂頭睡在地板上。房間擠得滿滿的，裡排睡九人，外排有兩個桶占了地方，只睡六人。多數人並沒睡著，她們喜孜孜地翹起頭來打量我。我被安排睡在中間。每人可睡三根巴掌大的地板木條。在牆上，我的「一六八」名字，按照睡覺的秩序士兵般地站進了隊伍。監房約有二十平方米，門開在左端，右邊牆角放著個直徑約兩尺的馬桶。馬桶的旁邊，是茶桶。

我睡在地板上，木然地盯著天花板。這個看守所由於年久失修，漏過雨。雨水在房間的天花板上留下足印，就像尿床的孩子在床上畫下的尿跡。

突然，我發現了一個「尿跡」。它是一幅線條分明，輪廓準確，形狀像公雞的「中國地圖」：東北三省是公雞的頭和頸，高高昂起；朝下凹進的雞背，是內蒙古；新疆、西藏組成的雞尾巴，屏風似地展開；飽滿的雞腹，囊括了廣大的西南、南方、東南和東部各省；海南島則是「金雞獨立」中的雞腳。

這幅「中國地圖」是如此地維妙維肖，即便是天天看地圖當飯吃的專家，也未必能挑出疏漏。

但令我驚心動魄的，不是這張幾乎占據整個天花板的「中國地圖」，而是站在地圖上的警察！這個警察背朝觀眾，叉開的雙腿站在廣東、廣西兩省上，肥胖的身軀向東傾斜，大圓盤帽遮掉東北三省的大部分。你看不見他的臉，但是，你可以看見他抄在身後的雙手攫住一根粗大的警棍，你也可以感覺到他的雙眼正虎視眈眈地監視著中國大地。

我全神貫注地欣賞這幅「中國地圖」。突然，一聲長而尖利的鈴聲像匕首扎破我的思緒，並且帶我回到現實。午覺結束，起床了。

被蓋還沒摺好，鑰匙的叮噹聲已到了門口。一雙眼睛由風門洞朝裡望一眼，喊道：「一六八！」門被推開了。一個老嫌疑犯催促我：「快點，一六八，提妳的審了！」

饑餓戰術

在訊問室，三十多歲的審訊員王文德和書記員正閉著嘴巴等我。他的鼻子朝一把小鐵椅嗤了一聲，我明白這是示意我坐下。

審問過戶口本上早已記載的姓名、出生年月日、祖籍、住址等之後，王審訊員說：「齊家貞，妳犯了罪，罪行之嚴重，妳自己最清楚。政府『坦白從寬，抗拒從嚴』的政策是一貫的。我們說話算話，實事求是……，妳犯下的反革命罪行是明擺著的，我們早已掌握妳的大量材料，否則就不會逮捕妳。」他用眼睛掃視了一下桌子，好像所有的罪證已一一陳列在上面。然後說：「妳現在唯一的出路就是徹底交待自己的罪惡，爭取政府對妳的寬大處理。任何的頑抗抵賴，都是死路一條。」

我一下子成了罪犯，聽著這些從未聽過的話語，周身發冷。我下意識地用手挪動鐵椅，以調節我的身體，平衡我不安的心理。但鐵椅巋然不動，原來，它早同水泥混凝土長成一體了。

「齊家貞，前途掌握在妳自己手上，妳願不願意走坦白從寬的道路。」王審訊員問我。

「願意。」我囁嚅地回答。

「好，那妳就老老實實交待吧！」他的口氣緩和下來。

我腦袋裡一片空白，罪惡都躲到哪裡去了？我要設法交待自己的罪行。沒想到，第一句，就情不自禁地重覆了長期以來別人強加於我的話：「我出生於反動階級家庭……」之後，我有點不知所措，不懂該怎樣往下講了。我停下來，望著他。

「繼續講下去！」他扔過來這句話後，冷冷地看著我。

坐在這把小鐵椅上，我要一層層地剝自己的皮。「從八歲說起吧。」我對自己講，履歷表從八歲填起。

我對他不停地講，講了十天，聲音嘶啞，唇乾舌燥。從求精小學讀書到兩次去廣州，聲音從我嘴裡出來，感覺卻像是在放留聲機。他們記錄了厚厚的一本。我數次跑離主題，都被王審訊員揪了回來。

提審十天，王審訊員只用了其中短暫的三天，就把我徹底攻垮。

第一天，即逮捕我的當天下午兩點鐘開始，交待了近四個小時之後，我突然感到頭昏眼花，沒氣力講話了。我只在家吃了早飯。現在，肚子餓了。想必王審訊員和他的一個同事已聽到我胃腸的蠕動聲了。王審訊員看了一下手錶，對我說：「今天就交待到這裡，現在把口供記錄給妳唸一下。」

我被送回了監房。我的同類們用笑臉迎接我。我感到賓至如歸。她們都吃過飯了。我的飯菜已給我留好了。一小碗白飯，半小碗酸鹹菜。吃喝完畢，我坐在地上歇息。

啪！風門洞打開了。「一六八！」一個聲音傳進來。

鑰匙在開門。「出來！」一聲吆喝。

才分別半個多小時，我的屁股同冷鐵椅又貼在一起了。

王審訊員以「坦白從寬，抗拒從嚴」這句話作為開場白。

我繼續往下講。當談到每次填表寫父親坐牢史我就會哭時，王審訊員問：「妳心裡是怎麼想的呢？」

其實，我什麼也沒想，只是為這件事難過，因為他是我的父親。我回答：「我沒想過。」

他問：「沒有？那妳為什麼要哭？」

「我覺得傷心。」我答道。此時，我又有點語塞欲哭了。

「對囉，妳傷啥子心嘛？」王審訊員的眼光咄咄逼人。

我答：「我心裡不滿。」

「不滿啥子？」他進一步追問。

「不滿把父親關起來。」我進一步回答。

「嗯。」他開恩了，臉上的肉鬆了下來。

我繼續往下講。講了四個小時。我累了。腸胃活躍。

王審訊員對書記員耳語了幾句，那年輕人走了出去。不一會兒，拿來他們的加班晚餐。他們一邊吃，一邊發問和記錄。

我看見飯菜冒出的熱氣。我聞到飯菜傳出的香味。他倆吃得很有勁，發出清脆的咀嚼響聲。我的視覺、聽覺、味覺以及腸胃，無法不作出反應。我的自尊心要求我繼續把話講下去，但我的饑餓本能卻阻撓我正常發音。

我利用講話時逗點與句號的間隙悄悄把口水吞進肚裡。「咕咚」一聲，差點沒把我的耳膜震破。我是如此地丟臉，我罵自己沒出息。但我不僅不能連貫地講話，我的思維也被嚴重地攪亂。我的自尊心被摧毀。

他們十一點鐘吃加班晚餐，十二點鐘結束審訊送我回去。監室內除了馬桶裡有尿水，開水桶裡滴水不剩。

我睡了六個小時。

第二天，還沒等到九點半吃早餐，王審訊員在八點鐘就把我提了出去。挨餓、斷水十八個小時，還要不停地交待。熬到中午十二點，放回來。我飢寒交迫，全身顫抖。我害怕提審。

根據監室規定，房內平時只準留馬桶和開水桶。吃飯時，拿進來的碗筷、水杯、牙刷、梳子、掃把等，吃過飯一律請出門外。

如果給提審的人留飯，經請示得到批准後，才能把瓷碗或者水杯留下。吃完後，再報告管理員，請其開門拿出去。據說這是防備犯人自殺。

早上的稀飯太清，碗和水杯不夠裝。請示管理員後，把留給我的稀飯裝在公用的小臉盆裡。這個小臉盆是女嫌疑犯們洗屁股用的。我吃得香，再有一盆還能吃下。

半個小時後，我又坐在鐵椅上。天天如此。

王審訊員的饑餓戰術，打敗了我。

我按照他的提示，擴大自己的「罪行」。我出賣了他人：尹明善、朱文萱、吳敬善……父親也沒倖免。

我的兩次廣州之行，是審問重點。

於是，莫斌、湯文彬、齊必凱、「草於河邊」，一個也沒漏。

我告訴王審訊員，我真實的目的是想出國讀書，並非要搞反革命活動。

他質問的話令我啞口無言：「到美國去讀書，學的是啥子知識？讀完了為誰服務？還不是為資本主義！」

我說：「是的，我沒想過這一點。」

我交待，我曾對吳敬善講過，悶死了，我願意找個反革命組織參加進去。

「參加進去幹啥子？」他問。

「搞反革命活動。」我答。

「怎樣搞反革命活動呢？」他問。

其實，我只是隨便說說出氣。我答：「推翻共產黨，推翻無產階級專政。」

為了安撫怒氣沖沖的王審訊員，我極力編造一些反動話來搪塞。交代完了，我也忘記完了。但他仍不滿意，越來越凶，罵我「很不老實」、「避重就輕」、「詭計多端」、「頑固到底」等。

我痛。

隨著審問的深入，我越來越明白王審訊員想要什麼。

「為什麼要拉尿？」

「為了玷污共產黨。」

這樣的供述，才對他的胃口。

王審訊員說：「齊家貞，妳要搞清楚，我們的耐心是有限的。妳在關鍵的問題上妄圖滑過去，休想！」

我不清楚他所謂的「關鍵問題」是什麼。我呆呆地望著王審訊員講不出話。

沉默了一陣之後，王審訊員問：「你們的行動綱領是什麼？」

我更加不知所措：「行動綱領？啥子叫行動綱領？」我腦子裡根本沒「行動綱領」這個詞的概念。

他反問：「自己幹的事自己清楚，裝啥子傻？」

我答：「真的，我真的不曉得啥子是行動綱領。」

他欲說又止，嘴巴朝一旁努了努，擠出了一句話：「那十六個字呢？」

知道他的意圖後，我如釋重負。於是，這十六個字，作為我的「反革命集團」

的「行動綱領」，出現在我的判決書上。

王審訊員給我的「反革命集團」找到了首犯（莫斌、湯文彬），主犯（齊尊周、齊家貞），成員（尹明善、朱文萱、吳敬善），還有十六個字的「行動綱領」。

十天提審，王審訊員大獲全勝。

後來，他交給我一枝筆和一疊紙。在監室，我用三天時間把編造的口供變成了親筆供詞。

我的罪就這樣犯下了。

「反革命集團」的戰爭

數週後，我突然從風門洞看見正對面往外走的朱文萱。根據老嫌疑犯的經驗，她留著長辮子，說明她只是拘留。那天，她被提審。十五年後，從朱文萱處得知，公安局逮捕我的同日，也同時抓了她。在市公安局受審後，也送到石板坡看守所羈押。三個審訊員對付她，讓她檢舉我的罪惡。其中一個審訊員跑進跑出特別忙碌，他審問朱文萱幾句話，馬上就跑出去。數分鐘後，又衝進來問一通。然後，又出去，又進來。審訊員不斷出進，是為麻痺朱文萱，讓她以為我正在隔壁受審，跑進跑出是在核對口供。朱被關了一個月釋放。

九個月後，我又從風門洞看見站在對面十四房門口的尹明善。我看到他拿著小包裹的手在微微顫抖。在我被捕前一個月，他曾給我來過一封信。他用詩一般的語言歌頌友誼給他監獄般的生活投進一縷陽光。我猜想，逮捕我時，郵差送來的是他的第二封信。想不到，我連累他被抓。二十年後得知，那天他是被教育釋放。釋放以後，他做的第一件事，即到長江游泳，把他藏在隱祕處的日記、所有來往信件、寫有黑字的白紙，統統捆在胸口上，游到河的深處後全部沉毀。這些文字中，沒一句冒犯共產黨的話。

好心的吳敬善，為了幫我省錢，成為我的「成員」之一，也沒逃過牢獄之災。我出獄後，再也沒見到過他。

在整個審訊中，我迴避提及蔣忠梅。蔣上有七十歲老母，下有十歲女兒，她絕對不能出事。但令我做夢也沒想到的是，她似乎就是公安局派到我身邊的密探。王審訊員沒提及過她的名字。

後來，我得知，在逮捕我的同時，公安人員在綦江把父親也逮捕了。父女倆羈押在同一個看守所。

父親已有五年營養性水腫史。入看守所不到兩週，水腫急劇惡化。他的臉腫得滾圓，耳朵、鼻子、嘴唇變得肥大，眼皮腫亮，甚至能看見裡面的黃水。腳踝、膝關節、腿關節因為腫脹充水，像上了石膏夾板，不能彎曲，身軀與上肢腫情稍輕，尚可活動。

王審訊員打贏了我。十月十日後，他把目標轉向父親，提審他。父親已腫得不能直立，更談不上行走，他只好爬著去受審。

後來，父女倆都分別刑滿釋放回家。

我問父親：「當你一步一步艱難地爬著去受審的時候，你究竟想了些什麼？」他答：「我什麼也沒想，我只是不斷地對自己說：『活，一定要活下去。一定要伸冤。』」

在審訊中，父親把他的過往歷史交代了一遍又一遍。此時，父親已被作為「歷史反革命」罪犯軟禁十九個月、勞改四十個月。

王審訊員問：「解放前，你罵國民黨。解放後，你又反對共產黨。你到底要個什麼黨？」

父親答：「我在國民黨官場的一片污泥濁水中保持了自身的乾淨，我痛恨國民黨貪污腐化。對於共產黨，我不滿意它太專制，不信任人。無論什麼黨執政，都應當大公無私，坦白正直，真正為人民利益著想。」

審問集中問到我兩次去廣州的反革命活動上。王審訊逼迫父親承認，我去廣州，是他的策劃與指使。

父親一再說明，他當時在集改，女兒兩次去廣州，都是他事後回家探親才得知的。父親只承認，如果偷渡成功，會將他帶出去。「齊家貞說，我的處境不好，到時候讓我先走。我說，還是妳先走，妳年輕要讀書。我一直希望家貞能出國深造，她天資聰慧，志向也高。」

王審訊員從父親身上榨不出故事，只提審過三次。

父親不像我一樣輕易被打敗。

無論是面對審訊員，還是檢察官，甚至法官，他都斷然否認對自己的指控。他對法官如是說：「這樣吧，假如你們現在向我宣布：『齊尊周，只要你承認，你事先知道女兒去廣州的事情，我們就釋放你！』那末，我就回答你：『請你槍斃我！』」父親指著自己的胸膛，再次強調，「不曉得就是不曉得。」

腸胃戰爭

看守所規矩多。

白天，我們把被蓋摺成方豆腐乾形，整齊地排成二、三行。臉對臉坐在自己的被蓋上，像打坐的觀音菩薩。

九點半，早飯。

我們挨次背一遍監規，像和尚唸經。

新來的嫌疑人，背不了，可看著牆上的照唸。不識字的嫌疑人，由組長或老嫌疑人，教一句，唸一句。如果時間有多餘，則討論監規，不准交頭接耳，不准交談案情、傳授犯罪伎倆。惟一符合監規要求的討論，是關於「吃」的話題。

中午十二點，對於正常人是午飯時間，而對於我們，鈴聲一響，必須打開鋪蓋，空肚子，集體睡午覺。

很少有人真正睡得著。隨著外面給吃三餐的病號和特殊嫌疑人分飯菜的聲音，我想像那些飯菜好比鮮花，我們這些飢餓的蝴蝶爭先恐後撲過去。

兩點鐘起床。唸報紙新聞。

唸報的人已提不起氣。聽報的人，只聽樓下有無飯菜桶磕碰的聲音。報上每天都在大量報導農業豐產的好消息。只要能在報上找到與吃相關的字，就熱烈地「討論報紙」了。

下午四點半，晚飯。

五點半鐘，面對門口，坐等交接班獄警開門點名。獄警喚一個號碼，有一個應聲。之後，我們各歸各位，又像觀音菩薩打坐。

晚上十點，我們把身體放平在樓板上，電燈像守靈般守著我們。睡覺。

每天早餐前的等待是難耐的，而早餐的方式是難以想像的奇特。

打開監門，所有東西稀哩嘩啦搬了進來。菜裝在盆裡，稀飯盛在鉛桶裡。還有一桶熱氣騰騰的開水。

一陣洗臉、刷牙忙碌之後，組長（牢頭）一聲喊叫：「看好，開始分菜了。」我們挺胸直背，鴉雀無聲。以菜盆、飯桶為圓心，坐成一個圓圈，看分菜。組長分菜仔細，把瓷碗兩行排開。用木瓢把鹹菜一勺一勺地舀進碗裡。再半勺半勺，一丁點一丁點地添。最後剩的湯水，每碗都要擠一點。

分完後，由一個值班的嫌疑人審查，指指這碗多了一點，那碗少了一些。調整之後，依次拿取。組長每次都拿最後選剩的一碗，以示公平。

早餐後，上一趟「廁所」，肚子就癟了一部分。待上過兩、三趟廁所，早餐好像還沒吃一樣。

每天午餐和晚餐合一的第二頓飯，是我們活著的最大樂趣。吃乾飯，菜稍微多一點，經常也好一點。「多」而且「好」，是我們生命的支柱。

管理員親自掌瓢分飯。左手攥著一張各房人數的字條，右手執瓢。彎著腰。用心、眼評估，把飯裝到鉛桶裡。

這桶飯到監室後，所有人的眼像聚光鏡，對準分飯者的一舉一動。

組長捲袖，雙手伸在馬桶上方，有人端水來一個「淋浴」。然後，雙手在桶裡使勁搓揉米飯。米飯在手掌、雙拳的反覆擠壓下，發出滋巴滋巴的響聲。這樣做的原因，是由於犯人太多，廚房的米飯分鍋煮。每鍋米和水的比例不同，造成飯的軟硬不一。炊事員把飯從鍋裡鏟進木桶裡。管理員把飯從木桶裡分進鉛桶裡。這使飯團間製造了空隙。經過組長的這番擠壓，米飯軟硬均勻、不存縫隙。

此時，桶裡的米粒已沒形狀，成為信得過「產品」。兩排瓷碗，緊靠在飯桶旁。組長用木瓢往碗裡壓飯。在頂上做個小小的帽兒頭——冒出一條優美的弧線。由值班的嫌疑人用十指在帽兒頭上擠壓，封閉分飯時可能形成的新的縫隙。再用雙手把每碗飯捧起來掂一掂，放到一邊。組長把桶裡的飯粒搓成一個「湯圓」。根據她報出的輕重，組長從「湯圓」上掐一點補上去，再檢驗和認可，直到分完。

現在開始依次拿飯。

組長吃最後那碗。但洗桶、洗瓢、洗手水歸她喝，算作犒勞。

飯拿到手後，必須喝水。飯的量少，水可以填補胃的空間。飯已是一個緊團。我們把飯倒在手上，雙手捧著啃。

進去四個月之後，看守所允許家屬送吃的了。

母親擔心父親和我被餓死在牢房裡。她每週必來，每次必送炒麵、高級點心、紅燒肉、雞蛋等等。其他人的家屬也有送食品來的，但次數很少。

母親給我送來吃一個星期的東西，我兩天就分給大家吃光了。進來後，我沒來過月經。我曾對月經說：「我不稀罕你，一輩子不來都沒得關係。」母親送來的食物，讓我停止了消瘦，月經也正常了。

一九六二年秋初，看守所向犯人宣布：「（食糧）困難到此為止。」我們的食糧定量，由原來每天六兩提高到七兩，早上三兩，下午四兩，都是米飯。同時，停止接受家屬送食品。

對我們來說，七兩和六兩，沒區別。

我們定期剪指甲。指甲刀送入監房，通常兩小時後收回。依次剪手指甲和腳趾甲。

指甲搜集起來，交給管理員。據說指甲是一種很好的中藥。幾個年紀大、眼睛不好的嫌疑人，由我來剪。等到收走了指甲刀，我大多還沒剪。不過，沒問題。我有牙齒，我把十個手指甲和腳指甲咬吃了。

父親也被關在牢裡

我和胡薇薇很快成了好朋友。

她在看守所已羈押一年了，估計不久就要出去。

二十二歲的她，是重慶市醫學院兒科系五年級學生。她被捕的原因源於日記：她去偏遠農村實習，看見農婦生孩子後便下地幹活，大多都得了子宮下垂症。子宮掉出來，在兩腿間摩擦。用手塞進去，一會兒它又滑出來了。蒼蠅整日在身邊團團轉，走一路跟一路，攆之不去。老公還要罵這個婆娘髒。

她在日記中記下了這些，並對老師在課堂上宣講的解放後農民翻身作主的幸福生活提出疑問。後來，日記被人偷看，交到了黨委辦公室。市公安局逮捕了她，罪名是反革命。

胡薇薇說，出去後，一定去看我母親。還會送來幾件她的衣服，以示她已去過我家。我一直擔心父親受我連累，便與胡約定：如果父親也在坐牢，讓母親送六個信封給我。

十二月初的一天，胡薇薇被釋放回家了。

我進看守所十天後，母親給我送來過日用必需品。胡薇薇離開看守所數月後，我收到母親送來的物品，其中包括胡薇薇的兩件衣服，同時還有六個信封。

這六個信封，像六顆子彈射入了我的眼睛。這是暗示父親也在此坐牢。

事實上，在收到這六個信封之前，我已有三次發現父親也在此。但我始終拒絕相信。

第一次，每週四是家屬給嫌疑人送東西的時間。嫌疑人在收據上蓋個血紅的指紋，算是家屬得到的酬報。母親來得很勤，幾張草紙、半截肥皂，她都捨得跑一次。入獄三個月後，管理員叫我出去收東西。我正翹著蘸滿印泥的拇指要蓋下去，突然發現收件人的名字是齊尊周。我想：「你們怎麼這樣粗心，把我的名字寫成爹爹的。」

第二次，我首次出去放風。我跟在隊伍後面走著。突然，我看見一個非常特殊的臉盆。它因為用得太久而遍體鱗傷。我記得這是父親在集改隊用的那個臉盒。那條掛在臉盆上帶有咖啡色花的毛巾，是母親從家裡寄去的。還有，放在臉盆裡的那條黑呢褲也是父親的。無疑，父親關在這裡。

第三次，一九六二年春的一天，我聽到樓下房間一個男人低沉的講話聲和清嗓子的咳嗽聲。這是我非常熟悉的父親的聲音。另外的一天，我終於有機會確認了。那天上午九點半左右，我端起茶桶在風門洞口接開水，那是為早餐供應的。

突然，我的眼睛透過風門洞，穿過走廊的欄柵，看見下方天井中間，兩個男人提著馬桶的耳朵往廁所走去。其中一個上身赤膊、下身穿一條淺藍色內褲的人，就是我的父親。我認識他，無論從哪個角度看去，我都能一眼認出。

四十九歲的父親，被關了一年不見太陽，白晰的皮膚，在夏日的陽光下閃亮。提著馬桶的那隻手用勁往上，鎖骨高突，與肩頭形成一個三角形的深槽。兩條無肉的長腿像兩根細木條，正一步一挪地朝廁所間走去。此時，清潔班的水已倒完，風門洞無情地關上了。

我看不到父親倒完馬桶往回走時的臉了。我對自己說：「他們只是為了提審的方便把父親關在這裡，不是真的逮捕。等把事情弄清楚，就會釋放他回家。」

喂，我喜歡看妳！

活了二十歲，我第一次照了很多次鏡子。

鏡子，即我們的馬桶。

這個直徑二尺的馬桶，桶底敷了薄薄一層灰黑色的東西。拉點尿在上面，就成為一面不走形的鏡子。揭開馬桶蓋，可看見馬桶裡的自己。從鏡子裡，我看到一張年輕而有生氣的臉。那雙微微上斜的眼睛，老是隱藏著笑意。笑時，兩排雪白整齊的牙齒使我滿臉生輝。那頭亂糟糟的短髮，已長成我嚮往的「馬尾巴」。

我對「鏡子」裡的我說：「喂，我喜歡看妳！」

洗澡

洗澡，分為小澡和大澡。

從出生至二十歲，我沒正常地洗過澡。

在監室，我時刻保持警惕，遮掩我身上的骯髒。骯髒正與日俱增。我第一次為此擔憂起來。

那天，一個解完溲的嫌疑人，拴好褲子，順便打開茶桶想舀一點水洗手。她高興地發現今天水有多的，便對另一嫌疑人發問：「喂，來不來，今天有水。」她猶豫，其餘的人鼓勵，她去了。原來是幫她「洗澡」。

洗澡的女人，上身赤裸。雙手撐在馬桶邊上，身體躬成7字型。幫洗的人，舀滿一瓷碗水，以手指蘸水，塗滿7字上的那一橫。然後，在她雙手的推揉下，那些發漲變軟的污垢——臭汗與髒泥集結成細小的麵條掉下來。不一會兒，整個背部，包括頸後、腋下兩側和手臂的上方都「洗」淨了。

這個幫洗的人興趣正濃。她攤開雙手問道：「還有沒得人要喝水？」沒人答腔。「哪個要洗？」

我被眾人推薦出來。我露出我的黑上身。那些「黑麵條」落在馬桶蓋上、落在我雙腳的周圍，積起厚厚一層。我聽見她們發出「嘖嘖嘖」、「哎喲，哎喲」的聲音。做清潔時，我把所有的「黑麵條」滾成兩個「大湯圓」。又引起一陣快樂的驚歎，她們說：「一六八，一六八呀！」

這是小澡。

大澡來了。

我們抱著自己的毛巾和換洗衣褲，跑進樓下十號房。

在大木盆裡，真正像人一樣洗澡。

在看守所二十一個月裡，這樣的大澡只洗過兩次。

父女的戰爭

我斷定，那十天審訊，根據我的「供述」，我要坐監十五年至二十年。所以，我已有了持久戰的心理準備。

一九六三年四月十九日，我被喚出去接受對我的宣判。走進審訊室，父親已站在那裡。他非同尋常地消瘦。

當我出現在門口時，父親轉身看我，他的眼神有力。他穿著一套公安局的舊棉衣褲，腳上是一雙式樣時髦的別人的皮鞋。我從容地走過去，站在父親的身邊。

我穿著破舊的小棉襖，大公安褲紮在棉襖外面。「馬尾巴」已被剪掉，為了不讓頭髮遮住眼睛，我在右側紮了一個小刷把。

父親很高，一隻手揣在褲袋裡。

我很矮，雙手背在後面。

我們無聲地站著。

我感到父親的溫情和不勝愛憐的眼光，不斷地環顧著我。

那個人宣布，他叫杜德華，是重慶市中區人民法院審判員。我們的案子已審理終結，現在宣判：

齊犯尊周解放前長期擔任反動要職，……。解放後於一九五一年因反革命案判刑三年，一九五八年又被送集中改造。但齊犯一貫堅持反革命立場，並企圖騙取合法手續投敵判國。一九五九年齊犯尊周指使其女兒齊家貞去廣州尋找出國「門路」。齊犯家貞到達廣州後，通過親友結識反革命分子×××，因臭味相投、目的一致，相互勾結一起，進行反革命活動。齊犯家貞不僅極力贊成××提出先從事經濟破壞，籌集反革命資金，潛逃國外，投靠美帝，建立反革命據點，進行反革命活動的主張，而且還揚言到國外要找美帝大使館，召開記者招待會，進行反革命的活動。同時，齊犯家貞將此情況寫信向其父作了匯報。齊犯尊周回信積極為齊犯家貞出謀獻策。……誣衊我黨的政策，陰謀聯絡人員，組織一個反革命政黨。並遵照反革命××提出「組織起來、喚醒民眾、軍政並舉、聯合外力」的反革命主張，……，判處齊犯尊周有期徒刑十五年。……，判處齊犯家貞有期徒刑十三年。

除了審判員和書記員之外，還有兩個中年婦女作為人民陪審員。

宣判完畢後，審判員轉過臉去，詢問這兩位人民陪審員是否「有意見」。她們答：「沒意見。」

我站在父親身邊，雙目直視前方。但我清楚地感覺到每當判決書出現「叛國投敵」一詞時，父親轉過頭來看我，似乎是徵詢我的意見。

我靜聽宣判，沒有回應父親的眼神。但是，當讀到判處父親十五年徒刑時，我的頭像被炸雷轟擊。

宣讀完畢，審判員問我和父親可否聽清楚。如果事實有出入，可以上訴。

我還沒開口，父親已回答說「不」，並把判決書摺好揣進棉衣上兜，表示接受判決了。於是，我也跟著父親說了個「不」。

審判員讓父親離開。父親凝神看了我一眼，眼裡閃著淚光與怒火，轉身出去。

審判員問我：「齊家貞，我們判妳十三年，妳作何感想？」

我答：「十三年看起來是漫長的，但是我咎由自取，自作自受。」

審判員似乎對我的回答感到釋然。他說：「是呀，我們也很為妳惋惜。希望妳把這件事情作為終生的教訓，到勞改隊去好好爭取吧！」

宣判後的第三天，我出去勞動。

看守所殷所長叫住我，問我對判決是否上訴。我說不。他說：「這次判刑，本來妳的問題嚴重得多。但是，看在妳年輕的份上從輕處理，加重處理老的，妳父親有前科。」

人乾

週四，母親來見我。我與母親已分別了二十個月。

接見室沒人。正惶惑間，母親拿著一包東西跑進來：「我不知道今天可以接見，趕快跑出去買了幾個熱發糕給妳。」她喘著氣說，臉上的表情頗為輕快，二弟安邦跟在後面。

眼前的母親，五十二歲，看上去已像七十歲。她整個人從上到下可怕地收縮成了一具「人乾」。

此時的中國，由於毛主席的大躍進政策，導致全國的農村地區嚴重缺糧，農民們在大面積地餓死；四川省峨邊勞改農場，勞改、勞教、就業共有一萬多人，飢餓啃得只剩下一千餘活人；離重慶最近的綦江、長壽等農村有不少整個家庭餓死、絕戶；父親被捕前所在的集改隊，也不斷有人餓死；關押父親和我的這個看守所，被羈押的犯罪嫌疑人也有餓死的，不過是在彌留之際釋放而死在家裡了。

父親和我雙雙坐牢的事情，轟動整個和平路及鄰近的街道。這種父女坐牢的反革命大案，在重慶市、四川省也是鮮有所聞的。作為反革命家屬的母親和四個弟弟受到了難以想像的壓力。

為了保全牢中的父親和我，以及四個兒子的生命，母親選擇了收荒貨的職業。十五歲的安邦，放棄學業，幫助母親。

一九六二年國慶節之後，母親收到楨謨叔公的女兒惠蓉、惠蘭的電報。她倆受中國政府邀請，從金邊去北京參加了國慶觀禮，準備經武漢去廣州。惠蓉、惠蘭姑媽在海南島長大時，我的父親已離開家鄉，他們從未謀面。這次受敬嬰叔叔的委託，千方百計要與母親會晤，以便瞭解我家究竟出了什麼變故。母親收到寄來的兩百元路費，立即買好從重慶到漢口的船票。去廣州時間花得太長，同時，吸取女兒的教訓，不要去廣州為好。

母親臨行前，向治安代表報告她要去武漢會見親戚。母親很聰明，既對治安代表表示了尊重，也不給他們留下阻止她出行的時間。

但母親沒料到，她剛到朝天門碼頭，戶籍警和治安代表已在那裡等她。他們不准母親走，一定要她退票。母親再三解釋，她去武漢要見的堂妹，是愛國華僑，這次千里迢迢回國觀禮，想見一面親戚。母親保證只是敘親情，見面後絕對不提我和父親坐牢的事情。他們不聽解釋。

戶籍警說：「妳家已有兩個人坐牢了，難道妳也想進去？」

戶籍警見母親不聽勸，就以安邦為要挾。安邦收荒貨，也收可買到緊俏商品的如同鈔票的工業票。這天，他被公安以懷疑工業票來路不明為由抓了起來。母親不知道安邦出事了。

戶籍警對母親說：「乾脆告訴妳，如果妳堅決要走，可以，我們放行。但是，我們不放妳的兒子，就關他在李家沱看守所！」

母親一時語塞。戶籍警進一步說：「我相信妳不願意齊安邦長期在看守所關下去。妳想好，如果現在退票，我們中午放人，外搭給妳一張營業執照。不然，後果妳自己考慮！」

母親沒去漢口，也不敢白紙黑字詳細解釋。兩位姑媽在廣州把帶回的禮物寄到和平路，失望地離去。母親把這二百元路費，在新華路擺了一個小百貨攤，早出晚歸一個人守。

在接見室，母親看著我的神情滿是憐惜。我想到十三年、十五年兩個數字，想拉開嗓子痛哭。

母親情緒看上去不錯。她說：「陳管理員告訴我，今天可以接見，你倆已判了，妳是三年，妳父親是五年。」

這句話把我哭的慾望驅趕開去。我問：「多少？」

母親以為我不知道父親判了幾年，她慢慢地重覆道：「妳是三年，妳爹爹是五年。」她接著說，「妳快了，只有一年多一點就滿啦。這次回家，我一定要好好管住妳，不准妳再三個成群五個結黨了。」

安邦坐在旁邊，一直低頭不語。他雖然十五歲了，但個子還沒開始長，兩隻腳懸在長椅上夠不著地。我用腳勾了一下他的腳，他不肯抬頭，正在默默地流淚。

快離開前，母親告訴我一個她認為的好消息。她說：「我剛才見到妳們所長，他說妳表現得不錯，想搞個縫紉組，留妳在這裡服刑。那就好了，這裡離家近，我可以經常來看妳。」

我以為是陳管理員故意少說十年，擔心母親驟然受不了打擊，所以我沒糾正她。之後，母親也見了父親，可能出於同樣的考慮，父親也沒澄清。母親安慰爹爹道：「心放寬點，等你滿刑後，大家再來同甘共苦過日子。你在家裡照顧，我在外面跑好了。」

第二個週四，母親又來看我們了。

這一次，她完全洩了氣，講話更加有氣無力。她說：「喔，上次我是聽錯了。妳的刑期是十三年，妳爹爹是十五年。不知道，我能不能活到那一天啊？！」

母親把我和父親的刑期聽錯了，固然因為四川話「十」和「是」發音相同。母親捂住嘴，哽哽咽咽地說：「我的身體不好，我看我是活不到十三年、十五年囉！」

監獄中的戰爭

月末的一天，我在看守所的菜地拔草。

殷所長對我說：「我們考慮的結果，還是送妳去勞改隊。這裡成立縫紉組條件不成熟，妳到勞改隊好好改造，爭取早日新生。」

我相信勞改隊的日子比這裡好過。父親在宣判十天後就被解押去四川省第二監獄（現名重慶市監獄）勞改了。這所監獄關押的都是反革命、殺人、放火、強姦等重刑犯，刑期一般都是十五年以上，包括由死緩、無期改判為有期徒刑的人。

六月五日，在看守所羈押超過二十個月之後，輪到我被解押去四川省第二監獄了。我由管理員和一個武警押送。走出看守所，才知道石板坡真的是個坡。我在坡頂上關了近兩年。

對於父親和我來說，四川省第二監獄，既是勞改之地，也是相見之地。

我被分到四中隊。四中隊的平面圖，是一個以籃球場和簡易平臺為中心的矩形，按逆時針方向從右開始，它們分別是：鍍鋅車間；鞋廠；元絲成品庫房；犯人宿舍（右半女犯，左半男犯）和隊部。大門在隊部旁邊，鞋廠大樓牆上醒目地刷著「改惡從善，前途光明」八個字；對面犯人宿舍樓的牆上則刷著「以廠為家」四個字。男犯主要在鍍鋅車間勞動，女犯則為鍍鋅車間打雜當搬運。以女犯為主體的鞋廠早已停產。

同吃飯一樣，好奇心也是人的一種本能，它由於監獄生活的枯燥單調而被激發得更加高揚。

老犯們迫切地想知道我為什麼進來，我也同樣迫切地想知道這麼多男女為什麼關在這裡。第一個晚上，二百多名女犯一圈一圈坐在籃球場分組學習，我就亮相了。

我以判決書上宣判的文字標準，訴說了我成為反革命的罪行。這是符合犯人守則和監獄幹部要求的認罪服法宣言。我們反革命組，從有九個戒疤的六十多歲的尼姑釋龍妙到才二十出頭的我，年齡參差不齊。隊長把我們組打散，安排不同的勞動。

我被固定在打包組，組裡共有五個女犯。所謂打包，即為一百斤一件的鍍鋅絲包裝。先用防潮紙裹住，再拿麻布條像包紮傷員一樣包起來，最後掛上規格名稱。鋼絲從車間運到打包室，再從打包室運到庫房分片堆碼和上車出貨，都是我們的事情。鍍鋅絲壓上肩頭，即一百斤。起初，它一壓上我的脖頸，我立即被壓矮了一截，兩條腿挪不動。兩週後，情形好多了。

我到勞改隊三個月之後，上面決定把兩百多名女犯從四中隊分出去，單獨成立三中隊。「分家」的原因，是給無法扼殺的男女之情製造距離上的障礙。戰爭扼殺不了愛情，監獄也扼殺不了愛情。有土壤就有花朵，有男女就有愛情。最膾炙人口的是廠部一位女幹部愛上男犯余維禮的故事。這位女幹部被批鬥了四、五十次，仍然不肯改邪歸正，被清洗出公安隊伍。

三中隊，是一座獨立的小山堡。牢房修在山頂上，圍牆修在山腳下，像長裙底部的一圈花邊。這裡沒男犯們飢渴眼光織成的「網」。女犯，特別是年輕女犯，不再時時處處被「網」絆住，倒也清淨自在。我將在此居住近七年。

在四中隊和三中隊，我知道了許多人的案情。

一個不到三十歲的年輕農婦，在大饑荒中，由於分到的糧食不夠一個人果腹，她殺死了殘疾的丈夫，被判刑八年。

一個叫鍾素華的女人，長得好看，終日沉默不語。在大饑荒中，她把船劃到河心，先推三個孩子下水，再自己跳河。本以為反正都是餓死，慢慢餓死滋味難熬，長痛不如短痛，一起死算了。誰知孩子淹死了，她被別人救了起來。殺人罪，被判刑十八年。

農婦豐家澤，五十歲。她的小兒子數次偷隊上的嫩葫荳，公社以盜竊種子罪扣罰她家口糧，一粒種子可以收成多少，十倍百倍地扣回來，害得豐家澤一家叫苦連天，他們把所有的怨氣都出在小兒子身上。一天，豐家澤挑煤回來，餓得心慌走進門，看見小兒子坐在地壩上埋頭剝東西。她抽出扁擔，朝他彎著的脖頸就是一下。八歲的小兒子死了。她被以殺人罪判刑十八年。

一個女犯叫曹仲瓊，在大饑荒中，因做生意被判刑四年。聽說她丈夫也在二監坐牢。她因為在枕頭上繡了一隻螃蟹和「但將冷眼觀螃蟹，看你橫行到幾時」的話，被加刑八年。她的罪名是「在枕頭上繡反動標語，對共產黨刻骨仇恨，妄圖變天復辟」。

一個三十多歲的農婦，餓得吊不起氣。與其大家餓死，不如把小兒子殺了救自己。只要活著，孩子以後還可以再生。煮在煨罐裡的小兒子，被大兒子看見，逃到公社告發了媽媽。我特別注意過這個食子的女人，黑皮瘦臉，精明能幹，與普通農婦沒兩樣。在學習會上，表示坐牢不劃算，只吃了兒子的手桿，別的部分還沒碰就遭抓走了。她說自己是判的兩年。宣判後，法官問她上訴不上訴。她答：「這麼大的年紀了，還上啥子樹喲。」後來得知，她是判的死刑緩期，兩年執行。

劉伯祥，四十歲。她比我先來勞改隊。我們同組的七年裡，她從來沒接過一次見，從沒收到過一封信，是個被徹底遺忘的人。丈夫比她年輕幾歲，她剖腹產過一子。她因為封建迷信拜菩薩並向他人宣講信教的好處而被捕。逮捕她時，她又石破天驚地呼了一句「打倒共產黨」的口號，被以反革命罪判刑十年。劉伯祥每天幹活回來，經常只要一瓢水，因為她洗澡、洗頭不用肥皂，只讓水在頭上、身上過個路。不管髒衣服有多油，她揉進盆裡吃一下水晾乾又穿。她走過的地方，風都要臭一陣。後來，她被以長期「拒不認罪、裝瘋賣傻、抗拒改造」為由，於一九六五年初被加刑五年。

張玉書，六十多歲，皮膚白淨，五官好看。據說她是反革命，具體幹了什麼，多長刑期，為何長期關押在小監房（即專門懲治反改造犯人的監獄中的監獄。它的房間很小，寬一米二，長一米六，接近兩平方米），無人對我提及。不久，又宣布給她加刑。在一個月黑風清的夜晚，三中隊女犯在籃球場集合。張玉書被從小監房叫出來。由法院派來的人宣讀加刑判決書。不知是這個官員看不清紙上的字，還是紙上本來就寫錯了，他宣讀「犯人張玉書，男」，所有在場的女犯都嚇了一跳：在女隊關了近八年的張玉書，怎麼突然間變成了男人？在場的隊長或許根本沒聽見，或許認為點穿了反而出洋相，無人出面糾正。加張玉書八年刑的判決讀完了，我還沒聽懂究竟是什麼理由。在一片靜寂中，張玉書攤開雙手，響亮地發問：「還有說的沒得？」口氣像是有人在麻煩她辦事，無人答理。她說：「好嘛，那我就回家去了。」

吳蘭珍，年近七十歲，滿頭銀絲，滿口無牙，面孔癟成彎彎月。但她性格急躁，說話聲音很大，常常唾沫橫飛。一九六四年十月十六日，中國爆炸了第一顆原子彈，每個犯人必須在學習會上發言表態。不用說，人人都稱「熱烈歡呼」、「英明偉大」之類的恭維話。吳蘭珍發言了，她說：「圓子彈，圓子彈有啥子稀奇？」此言一出，震驚四座。她接著說，「我看得多得很！」見她如此脫腔走板唱反調，我提醒她是不是弄錯了，你怎麼可能看見過原子彈？她怒不可遏地反駁道：「不是呀，那陣二十一兵工廠背後，把圓子彈一撮箕一撮箕往河裡頭倒，我親眼看到的。」

廖汝秀，比我小一歲，可坐監史已有七年。她十四歲起在少年兒童管教所服刑，十八歲轉來成人監獄。廖汝秀告訴我，五歲時有一天，她正和小朋友在河邊玩耍，被外公捉回家，要她跪在母親的床邊。她覺得跪著很滑稽，在那裡偷偷笑。祖父在她耳邊輕輕說，你媽媽死了。她問，死了還起床吃不吃飯。後來，她和外公一起生活。一天傍晚，外公淋著大雨，非要把家裡唯一的一隻小公雞殺來吃掉。外公的眼神是那麼可怕，以至於那隻公雞嚇得蹲下來不跑了。第二天，外公死了，她才十二歲。家裡沒吃的，也沒人管她，她流浪街頭，靠偷竊度日。偷了五百多元人民幣，面額三百多斤的糧票，還有一些布票，撈了十二年徒刑。

楊朝林，臉蒼白得像一張死人臉。她跟我同組。據說她與野男人合夥謀殺親夫，男的立即執行槍決，她判刑十年。她永遠穿一件寬大的麻灰色的衣服上班。她在衣服的左邊繡著：「楊朝林，女，二十九歲」；右邊繡的「萬能勞動衣」、「私人的」幾個大字。她還在衣服的下擺吊了一圈兩寸半長的纓子花邊，使她相當地與眾不同。她勞動非常賣力，而且詳細作記錄。平時她不停地講話，多數不是和人講，是自己對自己講，見啥講啥。她的病容使人感到她時刻處於極度的飢餓狀態，隨時可能倒下去。楊朝林自己完全不知道，反而在極力地消耗自己，搶在每個人前面玩命地做事，很難理解這一切是為什麼。她吃得很快，每次吃過飯、菜、湯之後，肚子還是像之前一樣癟。然後，她死命盯住別人的碗，那副艷羨失落的神態令人心痛。她曾在看守所吃屎喝尿。在勞改隊，她的舉止言談都相當地不正常。我更傾向於相信，她的精神已失常。

李顯榮，一個於一九六六年分到我所在的縫紉組的女人。李顯榮說，她不是犯人，是調查員。她說，一九五三年三月五日，史達林死了，而她的兒子則是那天出生的，所以她認定自己的「兒子是史達林死了投的胎」。她還說，毛主席是駙馬，她是公主，公主配駙馬。她「要同毛主席拜堂」成親生兒子。她的九年刑期即這樣得來的。我們都認為她已精神失常了。沒料到，譚隊長的一句話，治好了李顯榮的病。她兒子不再是史達林投的胎了，她也不再嫁給毛主席生兒子了。她成為努力改造的積極分子。譚隊長如是厲聲吼道：「像妳這樣裝瘋賣傻不好生改造。妳坐滿九年，我還不得放妳。要妳一直坐到死。莫想回家看兒子！」

朱玉蓮，五十歲，已在小監房裡關很久了，具體案情無人知。每當她亂罵時，隊長總叫我去記錄。其實，她出口的話很少有什麼意思，只是髒話的大集錦。聽得我心驚膽戰。我相信，我從中獲得了朦朧的性啟蒙教育。朱玉蓮常用她一貫的沙啞嗓子痛罵毛主席，她罵道：「火鉤毛澤東、門板毛澤東、石塊毛澤東、雞公毛澤東、菜刀毛澤東、褲兒毛澤東、桌子毛澤東、椅子毛澤東、錘子毛澤東、雞巴毛澤東、龜兒毛澤東……」罵了幾十個不同品種的毛主席。她把一個物品加在毛主席名字的前面就是一句罵話。

牟光珍，四十五歲，入獄前在外常客串京戲，專門演黑頭。她在一九五八年大躍進中，在重慶朝天門投江自殺。她穿的外套像把傘那樣把她托住，被人救上岸。人們從她口袋裡搜出一張紙條，上面寫著：「劉少奇講的中國婦女翻了身，我就沒翻身。」為此，她於一九六零年夏被捕，後以「反革命造謠罪」判刑八年。她的判刑還有一個更重要的原因，因為她原是國民政府軍統特務熊強的妻子。熊強於一九五七年被公安局逮捕後槍斃。牟光珍已坐了六年半牢，只有一年多就滿刑了。牟光珍說，熊強臨走時要求她守他十八年，「我一定回來接你」。有人認為牟光珍瘋了，但直覺告訴我，她是正常的。她的一舉一動都在述說，她活得太無望了。直到十一月十九日牟光珍突然的變故，使我對她的發言產生了聯想：一九四九年到一九六七年正好是十八年。熊強可能是一九四九年十一月十九日，離重慶陷落共軍之手還有二十一天的清晨離開重慶的。牟光珍一天不差地整整守滿十八年之後，於一九六七年十一月十九日的清晨，她決定不再守下去了。她夾起被蓋到隊部數次高喊「我今天早飯在哪裡吃？」的問題，指導員告訴她「就在勞改隊吃，吃一輩子！」後，連人帶鋪蓋被關進了小監房。後來，牟光珍被拉出小監房批鬥，支撐了四天。最後，她戴著腳鐐，無聲無息地咽了氣。

不許接見

到勞改隊的第三週，母親來信說，她要來看我和父親。還說，家裡人人都好，要我專心改造。

七月初，很熱的一天，從早上九點鐘開始，我都在每分每秒數著過。隊長喊一個名字，我的耳朵就豎起來一次，但每一次都沒我。直到下午接見停止。我焦躁不堪，不知道母親有什麼不測。

正在失望之時，有人帶話，周隊長叫我去隊部。

周隊長交給我一包東西，一條新長褲，一件紫花布短袖衣服等，告訴我：「妳媽媽今天來了，沒讓妳接見，是妳父親的問題。妳不要胡思亂想，而為這件事情揹包袱。」

不要忘記自己的身分

隊長曾帶我們三中隊女犯去看過幾次由男一中隊犯人的文娛表演。儘管內容都是「東風壓倒西風」、「帝修反一天天爛下去」等老節目，我們還是看得興趣盎然。有一次，我們被隊長安排去男隊表演。大家興奮地趕排了幾個文藝節目。

臨去一中隊前，我囑咐一個同我要好的女犯，幫找我的父親坐在哪裡，我想看他。起初，我倆躲在後臺，透過幕布上的孔隙，在密密麻麻清一色的光頭裡尋找父親，一無所獲。上臺表演合唱時，我用眼睛四下掃描，也不見父親蹤影。納悶。要是他離開了省二監，母親接見時一定會告訴我。後來，我才知道，上面根本沒讓他來，因為我要表演。

我像個負心郎，絕情地拋棄了我曾愛過的和曾擁有過的一切。我再沒想起過居里夫人，也沒想起過我的學校和書本，更沒想起過我的理想和夢，好像它們從來就不曾存在過。但有一件事，它還活在我心裡，那就是畫美女和雕刻。只要有時間，我全用在這上了。此時，我會忘記自己是生活在監獄裡的犯人。

許多女犯愛上了我的作品，紛紛要求我為她們繪畫和雕刻，接見時作為禮物送給家人。

一個女犯送鋼筆給家人，隊長發現上面刻的娃娃。

一天，隊長把我叫到隊部。她就我畫美女和雕刻之事提醒說：「不要忘記自己的身分，集中精力，加強改造。」

哭泣

我到勞改隊哭過三次，前兩次哭的理由不值一提。第三次，那是真正傷心的哭。

一個女犯穿一件白麻布衣，裡面無背心。兩個黑乳頭釘在那裡。我提醒她，穿這樣薄的衣服讓男的看見不好，應當穿件背心。她指責我多管閒事。她背著自己丈夫和公安局一個男人打算偷越國境。男的判十五年，也在省二監勞改，她是五年。我回嘴說她不知羞恥。她說：「妳知羞恥又啷個？三十三歲滿刑出去，落了坡的太陽，得意啥子？」

我是個生性愚鈍粗糙的人。但這句「落了坡的太陽」刺中了我的要害。想起太陽落坡後無盡的黑暗，想起自己成為「落了坡的太陽」，那麼我的父母親將會怎樣呢？我突然感到無比的悲哀。我不停地哭。
這是我一生中最傷心的哭泣。

與父親的雙腳相見

那次，我責怪父親犯了錯誤，害得我接不了見。我認為在監獄裡，任何反抗都是徒勞的。但是，父親恰恰不這樣認為。

父親所屬的那個地方大，犯人多，分為一、六、七、八四個中隊，父親在第一中隊。和他第一次勞改的重慶公益磚瓦廠相比，現在的級別高得多，管理也嚴格得多。

第一中隊是翻砂車間，生產馬達。其他三個中隊是元釘和拉絲車間。元釘銷路很好，還出口到東南亞國家。

拉絲車間把拇指粗的盤元一遍又一遍地拉細成八號、十號……直到比頭髮還細的二十六號、二十八號細絲。這些細絲運到我們所在的四中隊鍍鋅後，交由重慶市五金公司包銷至全國。四川省第二監獄的勞改產品一律以新生勞動工廠的名義掛牌銷售。父親所在隊的犯人年年月月在裡面勞動，難得有機會出大門。

在監獄裡，我碰見過父親一次。那時剛來不久，我出外當搬運。同行的女犯指著對面一個男犯問我：「那個犯人不斷轉過頭來看妳，我看他長得像妳，是不是妳老漢（父親）？」

我望過去，毫無疑問，是的。他們搬運鋁錠，正歇氣。父親還是那樣瘦，正把一件摺好的爛絨絨衣墊在肩膀上，這樣扁擔挫骨頭的疼痛就能減輕一些。我望著父親的背影走遠了。他有點掉隊，沒再回頭看這邊。

大家都知道我們父女雙雙坐監，主動為我通風報訊。鄒春梅外出回來說：「喂，我看到妳老漢的，他和幾個犯人拉板板車出來倒渣子，我們正好在一隊門口歇氣。妳老漢膽子大，走過來問我認不認得齊家貞，為啥子她沒出來？我告訴他，齊家貞在四隊打包組，不同我們一起。他嘆了口大氣走了。看得出來，妳老漢很心痛妳。」

八月下旬，監獄在第一中隊舉辦「犯人技術革新成果展覽」，組織各隊犯人前去參觀，展示共產黨改造罪犯成新人勞改政策的英明偉大。

許多女犯都參觀了，但沒讓我去，因為父親在那裡。一個女犯回來後，悄悄告訴我：「我看到妳老漢的。他在翻砂車間磨焦碳粉，打個光巴胴（赤膊），全身上下都是黑粉，一張臉只看到兩個白眼珠在轉。」看看旁邊沒人偷聽，她接著說，「今天是謝幹事帶我們去的。她在妳老漢面前站了好久，盯著他一言不發。我覺得她是在想：『你啊你，好好一個知識分子不當，到監獄裡來磨碳粉。』」

這位謝幹事，原為資深會計，性格直爽，快言快語，因此被打成了右派。下放到中隊跟在犯人屁股後面忙活，跟我們一樣的身不由己。

如果上面要召開全監大會，地點一定是在一、八隊裡面，那些重刑犯們，更加有腳無路，足不出戶。

一次，我們去第一中隊和第八中隊看露天電影。聽到這個消息，女犯們高興得跳了起來。我們排隊前往。男犯們已黑壓壓一片等在那裡。我們在隨身攜帶的小凳上坐好。不少女犯東張西望找連案或者過去的相好，有的只為看稀奇。

我低頭望著地下，光頭男人有什麼好看的。突然，一雙穿著黑色圓口勞改布鞋的大腳站在我的面前。我一眼就認出這是父親。大腳一動不動耐心地等待，他要我抬起頭來看他。我被他的大膽嚇掉了魂，雙眼死盯住那雙大腳，屏息靜氣，紋絲不動。我深怕抬起頭來他會對我講話，給隊長當眾呵斥，還要寫檢查。大腳猶豫地轉了四十五度，大約準備走開。但是，馬上又轉了回來，固執地再作一次嘗試。還是無回應。終於，他失望地離去。

父親這次膽敢衝進女犯群中達數分鐘之久，創四川省第二監獄記錄。因此，他被嚴格監督起來。

在後來的刑期裡，我多次去看電影或者開大會，多次搜尋過父親，再也沒見到過他。他被安排上班，或者坐在難以發現的角落，兩旁的犯人管束著他的一舉一動。

父親未遂的越獄計劃

多年後，我得知那次禁止母親接見我們的原因。

中共掌權後，父親從三十七歲被折磨到五十歲，拖累了一家六口人。當法院對我們父女倆宣判刑期後，父親已忍受到了極限：無中生有的判決，不僅葬送了女兒的前途，自己還被冤獄十五年。

與其在監獄裡生不如死，不如鋌而走險求生。父親決定越獄，以生命為賭注。這是惟一的生路。父親思考著越獄計劃。他打算分兩步走：第一步尋機從省二監潛逃出來；第二步去上海、蘇州找他的舊友幫忙逃到深圳，從深圳游泳偷渡到香港，做一個名副其實的「叛國者」。他想逃出國門，希望自由世界能拯救他的妻子以及五個兒女。他充分意識到，無論在第一步還是第二步的過程中，他都可能被崗哨（因為他決定拒捕）或者被邊防軍擊斃。對此，父親無所畏懼。他等待母親接見日子的到來。

入夏以來，為了躲避肆虐的蚊蟲，犯人們睡覺時紛紛張起小帆船似的「蚊帳」。這是他們自己的發明，用勞改隊發的棉布被套做的。儘管它密不透風，但較之被蚊蟲吸血，悶熱也是可忍受的。

母親來接見的前一個晚上，乘大家已入睡，父親躲在「蚊帳」裡寫信。信上，父親請母親為他準備好一副假髮、一副眼鏡、一套普通市民穿的藍布中山裝，還有少量的鈔票和糧票。父親小心地把信摺疊好放進勞改褲的口袋裡。其實，勞改褲無口袋，是犯人自己用一塊小方布三面封口縫上去，權作放草紙用的。之後，他安心入眠，迎接天明。

第二天家屬接見前，父親伸手檢查褲袋裡的密信。口袋是空的，信不翼而飛。他在回監房翻找時，被隊長叫去了隊部。信，擺在辦公室桌上。他寫的這封信是自己從口袋裡掉出來被人揀到交給隊部，還是有人乘他熟睡之後偷走上交邀功的，父親至死也不知道。

母親來接見的時候，父親已關進小監房了。

小監房，跟懲治反改造的女犯人一樣局促而又狹小的監獄中的監獄。犯人睡在地上。門旁放一個長年洗不淨的糞桶。一盞昏暗的小燈在天花板上吊著。房間低矮，站立憋氣，只有坐著或者躺下好過一點。三餐飯從風門洞遞進去。數日一次寬大，犯人出來倒馬桶。

父親在小監房裡，寫了一萬多字的「交待」。他檢討了自己的一生。他在「交待」中提及了越獄逃跑的原因。他寫道：「所謂反革命集團的舊罪既不成立，我就本不該入獄坐牢，何來越獄逃跑的新罪之有？」

父親要求徹查此案，對他無罪釋放。按照監規，凡是已判刑坐牢的人，只要喊冤叫屈，一律被認為是不認罪服法抗拒改造，都是罪上加罪。

父親在小監房蹲了四十天。出乎意料的是，在放父親出來時，隊長對他說：「你寫的材料我們看了。我們會交上去，把事情調查清楚後，再告訴你結果。你要相信政府實事求是的政策。」

後來，有公安幹部來監裡，與父親談過兩次話，表示要負責為父親「復查清楚」。

思想反動，維持原判

在「復查清楚」之前，獄方給父親安排了一個最能洗滌反動靈魂、徹底脫胎換骨的工作：為鑄造車間磨焦碳粉。從研磨機裡飛揚而出的黑粉，不僅附著在父親的身上，還鑽進眼睛、鼻孔、耳朵、嘴巴，以及肺裡。防護用具是幾層紗布做的口罩，數日更換一次。

父親的鼻涕、痰、眼淚是黑的。他只有兩隻轉動的白眼珠，才表明這是一具活的生命。他在等待澄清案情，釋放回家。

「復查」在進行中。

一九六六年初的一天，譚指導員問我：「妳犯罪的事情，妳的父親知不知道？」

我第一次有針對性地為父親作辯：「我的事，父親完完全全不知道。」

指導員叫我寫成材料交給她。

於是，父親的等待有了結果，在磨焦碳粉兩年零八個月後。此時，父親已坐了四年半牢。

監獄的王幹事來到一中隊，把父親喚到一邊通知他：「我代表政府向你宣布，經過政府復查，你女兒齊家貞的事，你確實不知道。」

父親大喜，總算冤情昭雪了。是時候回家了。但王幹事的下一句話，令父親憤怒了。王說：「但是，你思想反動，刑期仍維持原判。」

第二天，王幹事又找到父親，對他說：「政府對你沒什麼要求，只是希望你轉變立場。」

父親答：「無罪，怎麼認罪？」

從此，父親轉入沉默頑抗的階段。

後來，父親這樣告訴我：「我當時是這樣想的：過去幾十年，經過事實的考驗，我已過了『貧賤不能移』、『富貴不能淫』這兩個大關。現在，我正面臨『威武不能屈』最後一關，能過這三關，我便成為完人。我一定要闖過最艱難的第三關，這就是我在監獄裡長期頑抗的精神支柱。」

父親成為省二監的知名人士。

在全監大會上，監獄長等頭號人物，數次指名道姓批判父親不認罪，不接受改造，要帶著花崗岩腦袋去見上帝。

我在下面聽得面紅耳赤，坐立不安。父親卻是面不改色，無動於衷。

獄方讓父親匯報思想。父親答：「老婆不離婚，孩子來探監，我有什麼思想好匯報的？」

父親的聖餐

同在看守所浮腫得無法直立而不得不爬著前去受審相比，父親的浮腫病現在好了許多。但還沒完全消腫。長久以來，他沒真正吃過一餐飽飯。母親費力送來一些食品，似乎無濟於事。父親知道，營養的來源只能依靠監獄裡每天提供的食物。

父親的牙齒不好。在他四十歲時，大牙逐漸脫落。長期的監獄生活，剩下的幾粒大牙，也已搖搖欲墜。犬牙也開始鬆動。咀嚼食物的重任，落到門牙上。父親不得不吃得更慢了。

父親把浪費營養的可能性減低到零。

每到吃飯時，在人聲嘈雜的犯人食堂，父親開始了他的聖餐。

除了父親本人，整個世界蕩然無存。

面對飯菜，他心神專注，態度嚴肅。

他靜靜地、不慌不忙地反覆咀嚼每一粒米，每一縷菜，慢慢地喝下每一口湯。花費一兩個小時，只做這一件事情。

一年四季。他的吃飯，已不僅是口腹參與，甚至連靈魂也參與了。

犯人們被他的「吃相」深深撼動。

和共產黨比命長

父親的聖餐儀式令人動容。他鍛煉身體的韌力同樣驚人。父親靠鍛鍊身體擺脫了少兒時期的羸弱。現在，他必須更加努力。

一年四季，父親每天中午一個人在籃球場上赤腳打籃球。重慶的盛夏，室外五十度以上的高溫。他雙腳在滾燙難熬的地上來回奔跑。腳底板上燙滿了水泡。

一年四季，父親均淋冷水澡。

犯人們私議，認為父親精神失常了。

監獄幹部們在研究父親到底要幹什麼。

一個姓馬的幹部說：「你看齊尊周這副樣子，他如果改造好了，我手板心煎魚給你吃！」

主管父親學習的何幹事的見解，令獄方無異議。何幹事如是說：「你看齊尊周思想深處在想什麼？是堅持反動立場，要和共產黨頑抗到底！」

是的，何幹事說對了。

父親在四川省第二監獄裡如願以償：他闖過了「威武不能屈」的第三關。他沒公開對抗，那是自取滅亡。他是消極反抗。

「吃飯」的寧靜與「鍛煉」的瘋狂，是為了既定的目標：「活下去，和共產黨比命長，伸冤雪恥」。

父親的哽咽

父親從不主動發言。但有一次，他主動了。

此時，全國正在進行社會主義教育運動[1]。監獄重視，派了好幾個幹部來推動學習。父親所在的第一中隊，還有四川省公安廳的來人，到學習會上，聽犯人發言。

父親認為機會到了。他講話了。

他語音哽咽地說道：「我年紀大了，坐十幾年牢沒關係。但是我的女兒齊家貞，她這麼年輕，就判了這麼重的刑。我請求政府把她放了，剩下的刑期我來幫她

1 社會主義教育運動，指一九六三年至一九六六年上半年，中共中央在全國城鄉開展的「清工分、清賬目、清倉庫、清財物」運動。後期改為「清思想、清政治、清組織、清經濟」運動。這是毛澤東為推卸自己在「三面紅旗」運動中餓死三千五百萬至四千五百萬人的責任而發動的一場階級鬥爭。

坐。她聰明好學，上進心強，待在監獄裡是很大的浪費。放她出去，她可以將功贖罪，為人民作貢獻。對國家和社會都是有好處的。我誠懇地希望公安廳幹部考慮我的請求。」

公安廳的來人對父親的發言，似乎沒聽見。

父親的日記

從一九六五年末起，我發現隊上僅有的《重慶日報》突然熱鬧起來。從批判歷史名劇、鬼戲、愛情電影、歌頌知識分子的書籍中，可見刀光劍影。他們越批判，我越想看。

我不知道，這是毛主席發動的無產階級文化大革命運動[1]來了。所有犯人，除極少數特殊情況外，一律不再外出勞動。我們開始學習一些越聽越糊塗的「提綱」、「通知」、「大字報」等等。我所在的第三中隊組建了縫紉車間，約有五十個縫紉工，由我通盤負責。整天忙得暈頭轉向，還要負責修理縫紉機。

1 無產階級文化大革命運動，指毛澤東於一九六六年五月十六日至一九七六年十月六日間發動的一場全國性的政治運動，借此來肅清政敵、挽救自己在「三面紅旗」運動後下降的政治威信。時任中共中央副主席葉劍英在一九七八年十二月十三日的中共中央工作會議上稱：「文革整了一億人，死了二千萬人，浪費了八千億人民幣。」

一九六六年六月二十三日，端午節。隊長找我。

我見到了一個穿黃軍大衣、三十多歲的年輕男人。我不認識他是誰。他自我介紹是較場口派出所，即我家現在的戶籍警，姓王。王戶籍問我父親解放後寫的三本日記的去向。我奇怪他們怎麼會知道父親寫了三本日記，既然清楚這事，數字確鑿，為什麼還要問它們在哪裡。

父親確實寫有三本日記。我粗略地翻過。主要記的是解放後他的所見所聞所歷，其中不乏共產黨聳人聽聞的罪行和他對報章雜誌上一些文章的看法與評論。日記的很大部分是父親對「世界政府」的熱烈嚮往，他個人對「世界政府」的組成及運作的一些構想。這三本日記於一九五八年初，父親託亨中舅舅帶去藏在上海。當時父親正在申請出國。如果護照下來，他將經上海南下，可以把它們帶走。

這次，王戶籍專程來省二監盤問日記的下落，我是很認真對待的。

我想，父親壓根兒不知道我的所謂反革命集團的事，他們尚且栽誣他是幕後指揮而判他十五年。對於這些白紙黑字，全是父親一筆一劃親自寫的、直戳他們痛處的日記。他們會因為這三本日記而槍斃父親。

我的看法被後來一個隊長的談話證實，這個隊長對我說：「看了妳父親這三本日記，任何人都會氣得發抖，一本就夠資格槍斃！」

我的腦子轉了一個圈，斬釘截鐵地回答王戶籍：「我不知道。」並且下定決心，就是打死我，我的答案也是不知道。

王戶籍說：「妳的父親也說不知道。」

父親也沒認賬，我倆的口供一致，我放了心。

我壯起膽子，問了他一個問題：「請問，我的媽媽是不是因為我們的事在地段上受管制？」

王戶籍答：「這要看妳媽媽自己的態度怎麼樣。態度好，沒必要管制。態度不好，當然免不了。」

數月後，監獄的一名幹部來追問我日記的去處。我已拿定主意，問死也是個不知道。

他說：「妳要相信，紅衛兵的幹勁是很大的，他們掘地三尺也要把日記抄出來。」

我時刻為父親耽心。但我已完全無法得到他的消息，哪怕是間接的。再無女犯告訴我看見過父親。我甚至懷疑他已調離省二監了。

只要開全監大會，我就會坐立不安。我怕面對父親被加刑甚至被槍斃。一天，開大會前，留聲機放歌。針頭頂在最初那段空白唱片上，發出吱吱吱的響聲。我聽起來好像是腳鐐拖地的聲音。斷定那是父親戴著腳鐐正走進會場。腳鐐從我心上拖過去。我頓時害怕得要命，好像他們即刻要推父親去槍斃。我破天荒第一次盯著男犯看，深怕看漏了。直到戴腳鐐的男犯隊伍裡沒父親，我才舒了一口氣。

大會由夏鈺欽監獄長作報告。先講了紅衛兵抄家橫掃一切牛鬼蛇神的功勞。然後，集中點名省二監犯人，包括已就業的勞改釋放犯家中被抄出的金磚玉器、地契房產、蔣介石的肖像、國民黨黨旗，也提了父親和他的三本日記。但夏監獄長並沒專門強調，父親一個人的問題特別嚴重罪不可赦。

抄出來的東西，五花八門，多不勝數。點的名一個接一個，隊伍聲勢浩大，很有「法不制眾」的架勢。最後，夏監獄長談到所有在文革中被抄出的新罪，文革後期統一處理，要大家堅信黨的政策，繼續加強改造。語氣中並未說非要處理不可，我懸著的心放下了不少。後來，全國這類事情多如牛毛，涉及的人多面廣，新帳算不勝算，監獄人滿為患，過去的這些陳年老帳基本上一筆勾銷，不了了之。

在監獄裡，父親對天發誓：第一步，保住健康，活著出獄；第二步，「爬」出大陸；第三步，「搬運」兒女出國。

學習《毛主席語錄》

一九六七年大年初一上午，隊長發給我們紅彤彤的《毛主席語錄》，人手一冊。它與外面革命人民的語錄不同，只有一百條，是專門針對犯人編輯的。

文革開始以來，革命人民人人《毛主席語錄》不離手，爭相購買紅寶書四卷，文盲也認購一套。我這個蹲久了監獄、極度缺乏精神糧食的老犯也心嚮往之，希望讀讀到底是什麼真理講不完。

每天清晨，犯人出工前十分鐘，要坐在寢室裡學習《毛主席語錄》。

一個新來的張姓女犯，識字不多。由我來示範，她跟著我讀。好一陣聽不見她的聲音。我抬起頭來，發現她正扮鬼臉，嘴巴打開了又費力地合攏，合攏之後又不得不打開，她是在拚命忍住笑。這麼嚴肅的時刻，她究竟在幹啥。我不得不責問。她乾脆笑出聲音，回答說：「我看妳們一個個坐在這裡，像哈（傻）雞巴錘錘一樣。」接著是一串放肆的笑聲。

我怔住了，她竟然使用這麼下流的語言形容學習毛主席著作。多年後，我結了婚。當我知道她罵的那句下流話是怎樣一幅圖畫後，再回想我們一個個雙手捧著「小紅書」，直挺挺坐著讀語錄的模樣，我覺得這位普通的農家婦女創造的那個比喻，從內容（傻）到形式（雞巴）是如此精準，世界文豪也應自愧莫如。

不過，我沒向隊長報告。我不說下流話，也絕不重複別人說的。是另外的人去匯報的。隊長可能考慮到她剛來，揭發不出別的問題。為了這一句話開批判會，勢必讓女犯們有機會把這句話重複來重複去，反而成了笑柄。後來，只是對她單獨作了警告。

外面的革命人民搞「三忠於四無限」[1]，向毛主席早請示晚匯報。我們則在早飯、中飯、晚飯前，一日三次向毛主席請罪。

我們集合在操場上，面對隊部門上高懸的一幅毛主席大畫像。

由我舉起那本犯人的《毛主席語錄》，領呼「敬祝偉大領袖毛主席萬壽無

1　「三忠於四無限」，指無產階級文化大革命運動初期中共提出的政治術語，強調對毛澤東的個人崇拜和對其思想的忠誠：三忠於，即忠於毛主席、忠於毛澤東思想、忠於毛主席的無產階級革命路線；四無限，即對毛主席、毛澤東思想、毛主席的無產階級革命路線無限崇拜、無限熱愛、無限信仰、無限忠誠。

疆！」緊接著，其他犯人揮動語錄高呼：「萬壽無疆！萬壽無疆！萬壽無疆！」

我再呼：「敬祝林副主席身體健康！」大家接著呼：「永遠健康！永遠健康！永遠健康！」

然後，我宣布：「現在，請罪開始！」

於是，每個人低頭垂手作認罪狀，操場一片靜穆。

在請罪的一分鐘裡，本應反省罪孽，請求寬恕。但我的腦子卻天馬行空，無所不至。為了把思想管住不出格，同時為了掌握時間，我給自己發明了一串經文在心裡叨唸：「爹爹萬歲！媽咪萬歲！家忠、家仁、家信、阿弟、我自己萬歲！」這個發自內心的經文，我唸時，思想一點不發岔。反覆七遍之後，我高聲喊：「請罪結束！」

於是，大家轟得一聲作鳥獸散，捧自己的那罐飯去了。

綑鬥

三中隊批鬥犯人的方式升級了。

這次是批鬥談情說愛。我因為在房間裡替小組一個犯人寫「外調材料」，沒參加批鬥會。但耳朵搭過去，斷斷續續聽到一些揭發。

女主角是廖汝秀，在四中隊時，愛上了一個姓唐的男犯。他倆之間眉目傳情、傳遞書信、唱情歌，戀愛的事一直沒被發現。直到這個男犯滿刑到了就業隊，廖汝秀利用外出勞動的機會，扔給他的紙條被同組女犯揀到，事情才暴露出來。

廖汝秀一點一滴地坦白交代敘述事情的來龍去脈，很誠實很認真。問題在於，她除了知道談情說愛是監規不允許之外，她講不出自己錯在哪裡。為什麼愛上一個男性為他唱了情歌就是資產階級思想嚴重？犯人們說她沒認錯，反而在津津有味地宣揚她的錯誤。當有人用猥褻污穢的語言批判她時，她不能忍受了。她和那個人吵了起來。隊長制止，她不聽。那還了得，一致要求打擊她的囂張氣焰。

聽見飯堂傳出的吼聲：「把廖汝秀紮起來！」我放下筆，趕緊跑到飯堂後面看看究竟出了什麼事。廖汝秀站在前面，勇敢的臉上帶著幾分傲慢。此時，在隊長首肯下，有一個犯人從廚房拿來一根長繩扔在廖汝秀腳下。

隊長問她：「妳還凶不凶？」

她爭辯道：「哪裡是我在凶嘛！」

群情激憤吼道：「還在頑抗，端正她的態度。」「紮起來，收拾她的嚼筋。」

我與廖汝秀的眼睛相遇了一次。

隊長沒吭聲。兩個犯人衝上去，熟練地用繩子在廖汝秀的身上操作起來。人成為反弓形，雙手被使勁抬高吊到脖子後。廖汝秀慘叫一聲，我感到她的手折斷似地疼痛。我驚訝這兩個人如此熟練地綑綁人，好像他們上輩子就受過綑人的專業訓練，今生只等有機會大顯身手。

這是一九六七年夏天，廖汝秀穿的短袖子，兩小時後松了綁。每個人都可以看見，她的兩個膀子與蓮藕無異。被繩子纏過的地方，藕節巴一樣細縮。其餘部分腫得胖藕一樣往外冒水，上面還布滿鮮蠶豆大、亮晶晶的水泡。

後來，廖汝秀繼續不認錯，與隊長頂嘴。她被當作三中隊的典型，戴上手銬腳鐐。監內開大會，隊長不給下刑具，讓她拖著沉重的腳鐐去。聽見三中隊的鐵鐐聲，男犯們驚訝地抬頭尋找聲音從哪個女犯身上傳出。廖汝秀神態自若，不卑不亢。

一年後，廖汝秀坐滿十二年刑期釋放回家。那天，是我幫她拿行李到隊部的。在那裡，我向這位十四歲就開始坐牢，為人正直，善良純樸，看不出一絲犯罪痕跡的二十六歲的姑娘告別。她沒親人，沒家，回梁平農村去了。

王大芹，四川廣元人，重慶土木建築工程學院四年級學生。反右運動[1]時，學院要她批判她的地主父親，她不但不照辦，反而貼出一張攻擊學院黨委的大字報。她為此被打成反革命，判刑四年。後來又被加刑五年，共九年。刑期快要滿了。隊長放她到我們小組來審查她的表現，以決定放人還是再加刑。從小監出來之前，隊

1 反右運動，指中共在一九五七年發起的第一場波及社會各階層的群眾性大型政治運動。這場運動對中國的民主黨派、學術界以及知識分子等各界人士造成了極大打擊，導致了無數的冤假錯案和人命損失。官方稱，有五十五萬人被劃為右派分子，四十萬至七十萬知識分子下放到農村或工廠中進行勞動改造，總計約一百四十萬人受到批鬥和迫害，由此為之後的「三面紅旗」運動、無產階級文化大革命運動等政治運動埋下伏筆。

長命令綑了一次王大芹，想治治她的瘋病。至於綑的理由，對王大芹來說，那是每天都可以找到的。綑的結果，除了不停息地哭訴和「殺人不見血」、「殺人不用刀」、「王大芹被強姦啊」的尖厲吼叫外，無任何進展。

松綁之後，我試圖幫她把扭曲在背後失去血色的雙手放回前面來。剛一碰到她，她像觸電一樣尖叫起來。我才明白，幾個小時雙手被綑吊在背後，只能讓其一絲一絲自然歸位，否則就是另一次上刑。我勸涕淚橫流的王大芹不要再裝瘋，好好接受改造，滿刑回家同媽媽生活在一起多好。她一邊哭一邊張開大笑，她說：「那，妳就不懂了，完全不懂了。我的媽媽懷了我一千零二十八年才把我生下來，她是個妖怪，壞得很。」我叫她不要亂說，她憤怒起來，瞪大眼睛提高嗓門：「妳有什麼權利說我？妳才亂說，我怎麼會亂說，有人專門指揮我，指揮的人不得錯。」接著，她罵起下流話來。我趕快停止交談。

據說王大芹的父親後來被處決，母親改嫁。王大芹對她的母親深惡痛絕。入監以後，她母親寄給她一雙布鞋和一個大鋁碗。她把布鞋扔進馬桶。鋁碗則被她當作出氣筒，砸在地上千百次，然後千百次被揀起來敲平，裝飯給她吃。我第一次看見她那個布滿坑坑包包、奇形怪狀的大碗時，我就相信它是舉世無雙的。

我陪王大芹去看病。丁醫生盯著她感到有點奇怪。他開始寫病歷，問名字及年齡。王大芹對自己的名字銘記在心，但問到年齡時，她尖聲回答：「五十四歲。」

丁醫生看看她仍然年輕的臉，問：「什麼？」

我答道：「她亂說，沒這麼大。」

我轉過頭來對王大芹說：「他是醫生。妳要講真話，妳只有三十出頭，為什麼多講？」

王大芹急了，她說：「好的，好的，讓我商量一下。」

於是，她開始向空中報告，商量她的年齡。丁醫生皺著眉頭，滿臉不解地看著我。我一句話沒說。他也不再追問。

九年滿了，王大芹沒被加刑。至少沒在三中隊當眾宣布加刑，也沒被釋放。繼續在勞改隊關押，繼續在勞改隊瘋下去。文化大革命結束後，她才被釋放回家。後來，省二監幹部到廣元為王大芹平反，她不在家，找到街上，王大芹正討飯。張隊長說：「王大芹已瘋了。」

這句話，晚說了二十年。我與王大芹接觸了七年。從我第一次見到她時起，我就毫不懷疑她已精神失常了。然而，通過她偶爾一掠而過的短暫的清醒，我相信，她本來可以是一個相當出色的女性。

我組來了一個犯人叫熊興珍，四十歲。她是一位說話斯文、性格溫柔的女人。這位家庭婦女，拿《毛主席語錄》塞老鼠洞。逮捕她時，因為高呼「打倒毛主席」的口號，後被重判十年。一天，張隊長到新犯組掌握學習，要熊興珍談自己對罪惡的認識。熊說，她拿《毛主席語錄》塞耗子洞，是因為大小正合適，「又沒得啥子用處」；呼「打倒毛主席」口號，是因為那些來抓她的人把她激怒了。言談間仍流露出對毛主席的大不滿，根本不認為自己有過錯。張隊長生氣了，叫她站起來，命令她向毛主席請罪。

我們在飯堂裡學習，穿過飯堂的窗戶，可看到隊部門前掛的毛主席畫像。於是，叫熊興珍面對窗外的畫像低頭。她低頭，身子卻不露形跡地一點一點偏離毛像，直到轉過去四十五度。發現了這一點，張隊長叫一名犯人把她的身體扳正。扳正後，她又一點一點偏過去；又扳正，又偏過去。後來，這名犯人把她身子夾緊扳正，可她的頭非要偏在一旁。這名犯人扳正她的頭，熊興珍不說話。脖子給扭起了紅印跡，頭就是不轉過來正對毛主席。

張隊長發怒了，叫人把熊興珍綑起來。她任憑兩個人拿繩子在她身上折騰。骨頭咯咯作響。大紮後，繼續要她向毛主席低頭請罪，她堅持把頭歪在一邊。直到滿身大汗、臉色蒼白、人倒在地上、幾乎虛脫才松了綁。松綁後，她睡在地上，好一陣才回過氣來。但她的頭始終沒正對過毛主席像。

熊興珍沒發怒，也不曾大叫，只用一個小小的執拗的動作堅持她的全部信仰。

打倒毛主席！

一九七零年初的一個晚上，我剛剛睡著，被人叫醒，說是張隊長叫我出去。我跨出監門，一眼就看到綁在右側樹上的熊興珍。張隊長叫我把她解下來，到飯堂去幫她寫檢查。

熊興珍為了不肯正對毛主席像請罪而被綑過之後，後來又因為講話對毛主席不敬被綑過兩次，她從沒認過錯。她被綑著時還說：「我當死反革命，當反革命死！」

女犯牟光珍死了以後，我對她說：「熊興珍，妳不好生點，牟光珍死了，下一個該輪到妳了。」

她不改一臉的溫柔，答道：「我不得死，我曉得。」

我駁她：「妳曉得個屁，再像這樣下去，妳不死該哪個死？」

我們常常用咒罵的方式給她一些提示和警告。她理解這一切，總是報以溫和的微笑：「真的，齊家貞，妳不要擔心我，我肯定不得死。」

她說，她做過實驗：「拿兩個廣柑，一個代表國民黨，一個代表共產黨。放在案桌上，結果代表共產黨的那個廣柑爛了，代表國民黨的那個還是好好的。說明共產黨要垮臺，國民黨要回來。」

我說：「胡扯！熊興珍，妳好生讀讀報。看一下現在的形勢，看一下政府的政策到底是啷個一回事。莫要埋起腦殼亂搞。」

她平靜地笑著，不為所動：「我不看報。我曉得。」

熊興珍在兩個廣柑上建立起了她全部的信仰。沒人能把她扳回來。

那天晚上，我們正在學習，熊興珍被叫到隊部，一直沒回來。大約是繼續放毒對抗隊長，被大綁綑在樹上。雖是嚴冬，熊興珍被紮得滿頭大汗，披散的頭髮一絲一絲粘在臉上。值夜班的武警端著槍走來走去。我心慌意亂地幫她解繩子。

她的棉襖被綑出深深的轍印，還不停地鼓舞自己：「我要當反革命死，我要當死反革命。」

我吼了她一聲：「熊興珍，妳硬是不想活了呀？」

她笑起來，還是那句話：「我不得死。」

只有我倆在飯堂，我拿好紙筆幫她寫檢查。她突然對我咬牙切齒，捏緊拳頭，瞪著眼睛，腮幫的肌肉抽搐著。我嚇壞了，以為她要打我，站起來從飯堂的這端逃到另一端。我厲聲喊道：「熊興珍，妳要做啥子？」

她的臉和緩下來，輕聲柔氣地說：「齊家貞，不要怕，我不會整妳。我裡面的衣服全部濕透了，冷得打顫顫，能不能讓我回寢室先把衣服換了來？」

回到飯堂，她說，所有的革命組織都是好的，只有毛主席是壞的。她讓我寫：「打倒毛主席！毛主席來了，吃不好，穿不好，耍不好。蔣介石萬歲！蔣介石來了吃得好，穿得好，耍得好！打倒毛主席，堅決打倒！」

我故意漏寫，以讓她通過隊長的審查。她讓我唸一遍，並讓我添上漏的字。這樣一份「檢查」，當然只能送她進小監房。這間小監房最早是王大芹住，後來是牟光珍，現在是熊興珍。不久前，又來了一個判刑十五年的反革命黃玉蓮。她像個乾猴子又矮又瘦，但精力特別旺盛。她是另外一個小組的，不清楚出了什麼事被關進了小監房，同熊興珍正好隔壁。

熊興珍剛住進去時，多數講關於我們犯人被判刑的事，她像個欽差大臣，握有大赦權似的，個個人都叫放。之後，話題變得更加嚇人了。自從黃玉蓮同她當鄰居過後，小監房就好戲連台了。黃玉蓮的觀點正好同熊興珍相反：所有一切都是壞的，只有一個人是好的，毛主席萬歲！

她倆的觀點互補，故鬥爭不斷。這邊黃玉蓮高呼「毛主席萬歲！」那邊熊興珍一定反駁：「打倒毛主席！」兩個人隔著一堵牆壁呼口號，這個反對，那個擁護，這個擁護，那個反對，誰也不讓誰，經常氣得跺腳。爭鬥的結果，是熊興珍每日都在呼喊辱罵毛主席的反動口號，一日數次，甚至十數次。

我認為黃玉蓮骨子裡的觀點與熊興珍完全一致。她聰明，是在「打著紅旗反紅旗」，說反話出氣。不然，她反革命十五年是怎麼來的？只是她沒想到，與熊興珍爭執的結果，是在為熊的加刑推波助瀾。

後來，熊興珍開始挖牆上的石灰塊當粉筆，在地板上寫字。寫的反動標語：「打倒毛主席！」「蔣介石萬歲！」「蔣介石來了吃得好，穿是好，耍得好！」「蔣」字和「穿」字，她還是寫不來，就畫一個方格。任何人問方格是什麼意思，她都迫不急待地解釋。這次寫反標，是左事務長最先發現的。廠部派了專人來拍照取指紋等，這些過場對熊興珍一點沒威懾作用。她每天照寫不誤。她用送進去的菜作黑板刷子，把舊標語「刷」掉，又寫新的，內容千篇一律。

母親的戰爭

社會上革命組織之間，因奪權而引起的派性鬥爭，由鐵棒、鋼釬相對，升級到真槍實彈的較量，武鬥逐步升級。三中隊地勢高，外面槍聲四起，晝夜可聞，已有一段時間了。我還以為是防備美帝、蘇修趁中國文革之機偷襲，廣大民兵在作實彈演習。

一天清晨，隊長尚未叫大家起床，小組犯人已在房間裡四處走動交頭接耳了。李嘉珩走到我面前叫我快點起來。她說，昨夜監房周圍槍聲不絕。手槍、機關槍子彈從房頂上呼嘯而過，和電影裡看到的一樣。似乎有人要攻打監獄，大家嚇得睡不著覺。我睡死了，什麼也沒聽見。

上午八時，隊長集合我們並宣布：外面群眾在搞武鬥，這是革命人民的事情，與犯人無關。大家安心改造，一切行動聽指揮。萬一有事，需要緊急集合躲防空洞，每個人行動要快捷，拖拉掉隊被子彈打死的概由自己負責。

後來，從專門印給勞改犯人看的《新生報》上得知，果真發生了數起攻打監獄釋放犯人的事件，那些逃跑的犯人很快便全部緝拿歸案。不過，這種事情並未發生在重慶。即使發生，我懷疑自己是否有勇氣衝出去，享受哪怕只能維持數天或者數小時的自由。對於共產黨，我本來就沒什麼反骨。幾年下來，我給關得更加馴順了。

我開始耽心「防空洞」外母親和弟弟們的安全。

有了那張用放棄與國外親戚見面換來的營業執照，母親在新華路擺小百貨攤。她每月付幾元錢，把貨架貨物存放在附近居民家裡。母親清晨出門，天暗歸家，整日守在路邊百貨攤。夏天冬日、颳風下雨，一年三百六十五天，從不歇攤。

文化大革命開始時，派出所把五類分子[1]的名單提供給紅衛兵抄家。這是我家第三次被抄了。紅衛兵們不能一無所獲，就把兩床鋪蓋上的化纖被面拆下來、母親腳上穿的尼龍襪脫下來拿走了。

1　五類分子，指中共在文革時對政治身分為地主、富農、反革命分子、壞分子、右派的稱呼。這五類人是中共治下的政治賤民，他們及其子女在入學、招工、參軍、入團、入黨和分配工作等方面受到嚴重歧視。

武鬥期間，很多人都躲在家裡不敢出門。母親認為擺攤的人少了，正是多掙錢的好機會。其實，守一天，也掙不出幾個錢。大弟興國除了伙食費和留下很少的零用錢之外，剩下的全部給了母親。但是，除了在家的小弟弟要養，還有兩個犯人需要照顧。母親決定照常擺攤。

新華路武鬥開始了，她搬到離家很遠的體育館去。體育館也成為武鬥陣地，她搬到楊家坪去。楊家坪可是個遠地方了，離我家起碼二十華里。遇上沒車時，母親走路去。有幾次，路上突然碰到兩派開火，母親進也不是退也不是，心驚膽顫地在槍林彈雨中行走。碰上「八一五」攔截，她說她擁護「八一五」，進入「反到底」的地盤，她說她支持「反到底」。母親運氣好，總算逢凶化吉，沒出事。母親什麼派都不是，她認為都是共產黨在背後耍猴戲。

轟炸地球

毛主席要全國「深挖洞，廣積糧」[1]。我們犯人便黑白晝夜挖地洞；林彪副統帥一聲令下，全國進入了一級戰備。說是為了備戰，我們三中隊一百多號女犯和就業隊（犯人滿刑後在監內勞動）近五十名女就業員，統統從重慶掃到農村。

按照林彪的《一號命令》[2]，全國成千上萬人從城市向農村作戰備疏散。四川省第二監獄的全體女犯和絕大部分女就業員，近二百人，向墊江的東印農場轉移。在轉移的路上，大多數女犯內急，希望能找地方卸下「包袱」。

1 「深挖洞，廣積糧」，指中共和蘇共交惡後，毛澤東於一九六九年針對蘇聯可能對中國實施戰術核打擊的圖謀，為在戰時減少傷亡，認為人口密集的大中城市應迅速築造防空工事，以便在蘇聯的核打擊來臨時，可以躲藏在地下。因此，毛澤東向全國人民提出了「深挖洞，廣積糧，不稱霸」的口號。

2 《一號命令》，指一九六九年中國和蘇聯發生珍寶島事件後，中共中央副主席、軍委副主席、國務院副總理兼國防部長林彪，在一九六九年十月中旬，通過軍委辦事組發給全軍的一個戰備命令，就蘇聯可能對中國核打擊而進行大疏散。

六挺機關槍。

五、六十枝衝鋒槍。

五、六十雙中國人民解放軍武裝警察的眼。

在有效射程的山坡下，封鎖得近二百名女犯密不透風。

陣雨過後的坡地。女犯們被喝斥著聚到一處。褪褲。下蹲。亮出白花花的屁股。雜草打濕屁股。草尖刺肉。

突然，嘩啦啦的聲響，震耳欲聾。

請勿驚，這不是武裝警察的槍聲，而是這些女犯們腹內的金水和金條，發出了不堪忍耐的怒吼，爭先恐後地向地球開炮。

地球似乎在抽搐。

這是一九七零年六月上旬的一天。

這是四川省第二監獄女犯三中隊向東印農場轉移二百名女犯途中女犯們解決內急的一幕。

地球找不到躲藏的入口。

突然，一雙硬頭軍人皮鞋，立在距我只有三十三厘米遠的地方。我是二百名女犯中的一個。所有可怕的轟炸，好像都是我一個人幹的。沒什麼可說的。

在機關槍、衝鋒槍、武裝警察的雙眼，以及一雙硬頭軍人皮鞋的有效射程內，這些女犯們似乎已完全失禁。

非常抱歉。來自女犯們的怒吼更加囂張了。

兩個連體人

在東印農場，重慶來的女犯們被分配採茶。一週七天勞動。九年來，我攢了七十餘元，拿出六十七元給母親。剩餘的錢，買了一個臉盆、四尺棉布、一斤棉花，打算做件厚棉背心，好在這裡過四個冬。

一九七零年八月二十四日清晨，犯人們已集合好，隊長點名。點到我的名後，隊長叫我留下來。其他人依次出工。等到所有犯人走了，隊長叫我回寢室。

寢室門口站著王隊長的老婆余隊長。她是一位非常善良的婦女，與她的丈夫是兩個極端。她說：「齊家貞，把妳的鋪蓋收拾起。我等下再來。」說完便走了。我被弄得莫名其妙：剛來兩個月，生活才適應，地皮還沒踩熱，又要把我開拔到哪裡去，而且只有我一個人。

此時，戴伯蘭溜了過來，她牙齒痛，醫生開了假條輕勞動，幫廚房理菜。她問我是否還有餘罪沒坦白。我否認。

她馬上斷定說：「那，肯定是提前釋放妳。」

我反駁：「想得個美，還有四年零一個月的刑期，就這樣把我放了？說得輕巧。」

她說：「好，好，好。妳不相信，咱們等著瞧。」

我整理了這九年來積蓄的破爛物品。余隊長讓人拿了兩根繩子給我。現在她自己提了根扁擔來了。她從我的鋪蓋卷裡抽出一條床單，把所有東西一分為二，打好兩個行李包。就這樣，我像在夢遊，挑著行李。到了壩子上，那裡停著兩部吉普車。余隊長叫我把行李放在車旁，先到隊部去。

在隊部，三位重慶來的幹部坐在那裡。王幹事向我宣布：基於我改造的表現，政府決定提前三年釋放我。並且特別強調，釋放後不戴反革命分子帽子，恢復公民權。現在接我回重慶。

吉普車開到大竹，四川省第三監獄在這裡。

我一個人在一個鐵籠子裡過了一夜。

第二天，吉普車向重慶進發。晚上，回到四川省第二監獄。我擔著行李，一位女隊長帶著我向三中隊走去。人去樓空的三中隊沒了生氣，落葉雜草滿庭院。對面監房沉浸在墨黑中，只有隊部亮著燈。一個武警端著槍站在窗口。走近齊胸的窗口，房間裡傳來一聲友好的「齊家貞」。這是熊興珍。萬萬想不到，今天，我們在這裡相會，意味著什麼？在我看見她的瞬間，便明白了。

今天，她被從看守所提回三中隊，睡在牆角地上。武警端槍從窗口直面對準她站崗，兩小時換一班。

我睡在她的隔壁。隊長臨走前對我說：「熊興珍的情況，妳是曉得的。睡覺要警覺點。如有情況，妳要馬上匯報。」

通宵平安無事。

第二天清晨，隊長帶我去拿飯。到就業隊，我要了二兩稀飯和油辣子拌大頭菜。然後，隊長帶我去四中隊犯人食堂。拿了三兩米飯，上面倒了一小瓢豆瓣，這是給熊興珍的。熊興珍早已起床坐在地鋪上。飯遞給她時，她沒伸手接，看著我的那碗說：「我要吃稀飯，早晨乾飯吞不下。」

我望望隊長。隊長說：「就吃乾飯，吞不下喝點開水！」

熊興珍只刨了兩、三口，就不吃了。

早飯後，隊長指示我幫熊興珍收拾東西。我知道這是準備交給她家屬的。她也有一雙穿過的但成色還不錯的勞改布鞋。當我理到這雙布鞋時，一旁的熊興珍說：「齊家貞，幫我把這雙布鞋甩了。哪個回去還穿這種鞋子喲。」

熊興珍認為是要放她回家。我看了她一眼，沒理睬她。照樣把布鞋打進包去。一個信封裡裝有不到十元錢。隊長叫我數清後，把總數寫在信封上。

一切就緒。熊興珍剛一跨出房門口，武警拿著手銬，凶凶地對她嚷道：「把兩隻手伸出來！」她嘟著嘴巴，肩頭輕輕地側了兩下，不情願地戴上了手銬。

熊興珍在武警和隊長前後左右的包圍下，離開了三中隊。一個走在背後的武警，端著槍對準她。我挑著我的行李走在最後。經過就業隊隊部，隊長叫我把行李暫時放在辦公室，給了我一個小板凳。同時，在熊興珍的脖子上掛了一個大牌子，上面寫著「現行反革命犯熊興珍」，名字上用紅筆畫了一個大叉。

一九七零年八月二十六日，省二監召開寬嚴大會。大會規模最大，不僅全監犯人參加，而且就業隊五百餘人也破天荒地被弄來同犯人一起開會。扯出的橫幅是「寬嚴大會」四個大字，下方用小一點的字寫著「坦白從寬，抗拒從嚴」的傳統口號。

我被安排坐在就業隊的最前面。省二監的正、副監獄長和其他頭面人物，一個個在臺上正襟危坐。緊靠臺下，面對著我們的是一長排即將被從嚴懲處的犯人，有二十人左右，戴著手銬，掛著大牌子，勾腰駝背地站在那裡。我找到了熊興珍，她夾雜在男犯之中，位置靠右。

這次大會講的內容，我已記不得了。至於大會加了多少人的刑，槍斃了多少人，又有多少人減刑或者被提前釋放，我一概不記得了。但我記住了一個人。

我只記住了一個人，即熊興珍。這位像化合價等於零拒絕與任何元素化合的惰性元素，本性上拒絕聆聽任何打有「政治」印記的事物。但當宣布「熊興珍死刑，立即執行」時，她立即嘔吐了。之後，她被勒住喉嚨，押上卡車，遊街示眾。至於她是當天槍斃，還是幾天後才執行，我不清楚。我唯一清楚的是，我的提前釋放與熊興珍的被槍斃就像兩個連體人。

犯人滿刑後，絕大多數人並回不了家。鋪蓋卷直接挑到監獄裡的就業隊，繼續為監獄監視和出賣血汗。

從勞改隊到就業隊，只是從小監房到了大監房。生活環境和勞動場所完全不變，時刻提醒你過去犯人的身分。所有的管教幹部，與我們楚河漢界、壁壘分明，個個都能使你感到威壓。隊長對就業員的管教方式與勞改隊相比換湯不換藥，個人檢查、小組幫助、中隊批鬥、停工反省等。他們在對我們講話時，把「犯人」改為「就業員」，「勞改隊」改為「就業隊」，但總是提醒你不要忘記過去的教訓。捉住那根勞改筋，你不得不時刻提防小心。每晚仍要兩小時學習，只有週六晚例外。會上發言最大的不同，即不再自稱為「犯人」。

我被提前三年釋放，但並非直接回家，而是強迫在就業隊工作。我來到就業隊之後，就業隊花了好幾天時間，討論政府給我的寬大。

我是大家的榮耀和驕傲。

愛

想不到，我這輩子，第一個瘋狂追求我的竟是一個女人。

她有丈夫和四個孩子。我當她是好朋友，她卻當我是她意中的情人。這是監獄內禁止的。她姓邱，比我大九歲，糧店售貨員。在大饑荒中，因為貪污糧食而被判刑八年。

她愛上了我，我煩惱不已。一九六八年末，她滿刑的前一夜，坐在房門口哭。

我怒氣沖沖地對她說：「明天，妳就要回到人民隊伍去了，不要以為滿了刑就船到岸，車到站，妳就改造好了。妳差得很遠，資產階段思想還嚴重得很。要繼續加強改造。謹防二進宮，吃回鍋肉。」

這時，她居然抬起淚流滿面的臉，滿懷感激地回答我：「謝謝妳，齊家貞！我一定記住妳的話，繼續用毛澤東思想改造我嚴重的資產階段思想，不辜負妳的期望！」

想不到，我這輩子，成為很多男人食色本性的發洩對象。

在就業隊，女幹部是沒人敢碰的。女就業員也是僧多粥少。就業隊五百多人，七個女的，六個已婚。剩下我這一個，在就業隊產生爆炸性的反應。來此不到一個月，有人已費心為我排算好「種子選手」二十五名。

我被男性團團包圍，渾身不自在地度日。我收到好幾封示愛的來信。我珍惜他們的感情，尊重他們表達感情的權利。我沒作出回應，也絕不把信交去隊部。我深感屈辱與憤怒。

父親的感激

我去第一中隊探望父親。送給他一枝紅杆鋼筆，一本紅封面日記本，鼓勵他好好學習毛主席著作。我還給父親寫去一封長信，用了許多《毛主席語錄》中的話幫他批判過去的親美、崇美、媚美思想，認識他在國民政府工作時所謂清廉正直、大公無私作風的牧師式的虛偽本質，它比劊子手的殘酷更具有欺騙性，為維護蔣介石的反動統治起到了劊子手起不到的作用，從而證明他所謂的「愛國」實際上是愛蔣介石的國，是與人民為敵。

在這封長信中，我不乏曲解父親本意，用詞偏激，可能刺傷了他。父親沒回信解釋。

在寬嚴大會後，夏監獄長問父親：「怎麼樣，齊尊周，我們現在釋放了你的女兒，你有什麼感想？」

在法院宣布由於父親思想反動，刑期仍維持原判之後，獄方曾多次找父親談話，但父親一直不予理睬。不過這一次，他們把我放了，父親真的被感動了。父親回答：「人非草木，焉能無情。你們放了我的女兒，我當然非常感激。」

夏監獄長說：「不單是感激，她還是你的榜樣。你自己也應當積極爭取，表現得好，政府同樣會寬大你。」

於是，九年多來，父親第一次向幹部交了一份「思想匯報」。與其說這份反省報告是在交待自己以消極改造的態度與黨和政府對抗，不如說是一個長期被冤屈的靈魂的自白。

後來，父親向我解釋寫「思想匯報」的原因。他說：「既然你們要我給你梯子下臺，那好，現在我就扮演一個典型，給你一個樓梯。」

我也有一個家

在就業隊，我碰上一個父親般的友人，他叫鄭可大。

他個子名副其實地大，身高有一米八五，骨架子大，手大腳大臉大，五官清雅，完全像一尊活的如來佛。他在縫紉組上班，做些裁剪和補疤之類的雜活。他對自己的過去絕口不提。

有人告訴我：他原是軍統特務，在南京時曾密謀暗殺周恩來。從他不凡的長相和傲然的風骨氣質看，我相信他是國民政府的大官。但是，至於特務暗殺之類的謠傳，我認為是無稽之談。

鄭可大是小組的生活委員。此時，肉的供應沒完全敞開。伙食團打牙祭，事前由各組生活委員發肉票，每人一張，買一份。不知他從哪裡得來的情報，發現我幾次的票都送給了別人，從來沒買過肉吃。

他發票給我時，當著我的面，在票背後寫上我的名字，用他夾雜著濃重上海口音的四川話說：「我已通知伙食團，任何人拿這張票都無效，除非本人使用。」

我是想每個月起碼交給母親十五元，最好十七元，所以不捨得買肉吃。他的辦法很靈，票不能送人，作廢在口袋裡太可惜，也就每次必買了。

一次，一件材料細滑漂亮的對襟棉襖完工了。這是一位女隊長拿料子來讓我做的。我的熨斗剛剛放在前襟下方，那塊布就化成水不在了。留下一個船頭形的缺口。我嚇得要命，好像開車軋死了一個人。我趕緊說：「我賠，我賠。」

一位師傅說：「小姐，妳賠不起。這類缺俏商品是開特級後門來的，妳有錢也買不到。」

剩餘的料子，不夠縫補損壞了的那部分。怎麼辦？那幾天，我躲著不敢見人。

這位女隊長沒來找我麻煩。

原來，鄭可大同她私下解釋了原由。請求她原諒我坐牢時間太長，對化纖產品的性能一無所知。他保證，由他負責用手工把它補得不露痕跡。他花了數天時間補好了這件衣服。誰也看不出新衣服上有一個疤痕。這一切，我一點不知，是事後別人告訴我的。鄭可大只是對我講：「不要揹包袱，那件衣服已交給女隊長。她沒什麼意見。」

鄭可大滿刑留隊已快兩年，從未請假探過親。

他坐了十八年牢之後，忘記了自己有一個家，家裡的親人在等他。

我到就業隊兩個月之後，他寫申請向隊部請假。

在小組學習會上，他說：「齊家貞的出現，使我想起我也有一個女兒，只比齊家貞小三歲。我也有一個家，家裡有老婆，在成都。」

從小監獄到大監獄

我在就業隊縫紉組上班，組裡有三個裁縫和幾個車工、雜工。工資每月二十七元，只夠顧嘴巴。我留在就業隊有兩個原因：一是家在重慶市，政府恩賜我個工作；二是繼續發揮「樣板」的使用價值。

我在就業隊活學活用毛主席著作講用會上，作了一次出色的講用。之後，就業隊黑板報全文刊登我的發言。

我在發言中，從那種牽強附會、移花接木、報喜不報憂、好事都放到毛澤東思想的帳上來講。我是老老實實地說假話。

我們不能隨便進出大門。週末回家或出去辦事都要事先登記。隊部發給一次性使用的路條。發給你則走，不發則留。有的人被認為表現不好，用不發路條懲罰，數週或數月不等。已婚者可在外過週六一晚。單身只準週日早上出門，下午七時前，所有人一律趕回參加學習。路條由專人發到寢室。凡是有家的人，週末歸心似箭，等路條等得心急火燎。

我每週都回家。

第一次回到家沒什麼特殊的感覺。同我認識的人碰面，也就是笑一下而已。在我家裡，只剩下母親一人。

小弟大同作為知識青年，響應毛主席的號召去農村接受再教育，在四川省最艱苦的山區石柱縣農村修理地球。他很少回來探親。

安邦、治平分別到江油、瀘州開採石油。政府調遣成千上萬青年去那裡，說是勘探出了豐富的油田。他們休假時回重慶家裡。

興國還在通用廠，每週三回家休息。如今我週日回去，他就設法與人換班休息週日。進廠九年了，他沒給自己買過一件衣服，都揀安邦的舊衣穿，床上用品都是進廠第一天時買的。他把錢省給家裡了。

九年來，母親越來越瘦小、越來越蒼老，我們卻已長成大人。擠在這個十二平方米的房間裡，全是人。

週日，一家人在和平路聚齊。當然，父親缺席。

出監總結

一九七一年九月十一日九點半，三弟治平到四川省第二監獄就業隊接我。就業員們羨慕我有家可回。治平幫我挑行李回了家。

我離家時是二十歲，現在歸來是三十歲，十年蹲在監獄裡。十年監獄生活，精神的極度禁錮和肉體的極度疲勞，把我改造成了一架勞動的機器，因為我唯一可做的事情就是勞動。無論在哪裡，我都是勞動能手。

我在看守所近兩年、勞改隊七年多、就業隊一年，前後共與三百名左右女犯同監，同吃同住同勞動。

一年三百六十五天，每天二十四小時，我對這些女犯絕對是貼身觀察。這些女犯，甚至包括一些「殺人犯」，她們都是善良的。她們既不能有驚人的貢獻，也幹不出像樣的罪惡。她們很普通，和別的女人沒有不同。她們循規蹈矩，默默地忍受苦難，於無聲處也聽不到驚雷。

這些女人為什麼要被投進監獄？

我從監獄帶回來一堆破爛衣物，還有一副沉重的軀殼。軀殼裡曾有的美好夢想都埋在監獄裡了。監獄饋贈我十年崩壞的記憶。

和平路迎接我歸家。十年光景，這條路只是更加凋敝。我似乎昨天才離開此地。

四個和尚和一個尼姑

現在，我們五姐弟都成人了。

我三十歲，最小的弟弟也已二十三歲了。尚無一人成家。擠住在十二平方米的房間裡。與其說這是一個家，不如說更像一座廟。廟裡的五姐弟，四個和尚與一個尼姑，都像修行人。

我面對的是最基本的問題，日圖三餐，夜圖一宿，怎樣活下去。

回到家的第三天，轄區較場口派出所第十五段的袁姓戶籍警上門。通知他已幫我借到一部縫紉機，叫我去本段街道工業縫紉組上班，打帆布書包。每月有十五元收入。他還說，較場口一段正籌建縫紉機修理組，他將設法弄我去。

這是好消息。我在縫紉組幹了些時間，又轉到修理組。作為技工，每月工資三十一元五角，留給自己一元五作零用，其餘全數交給母親貼補家用。

此時，母親幫人帶嬰兒，每月十四元。安邦和治平，找工作遇到了麻煩。政府規定，對申請工作的人，單位要進行嚴格的政治審查。所謂政治審查，主要是審查他們的家庭背景。姐姐剛出獄，父親還在監獄服刑。這讓他倆的申請表被退回，所有單位都拒絕接收。他倆只能賦閒在家。

監獄在釋放我時說，不會戴反革命帽子。但無形的帽子仍戴在頭上。附近地段的居民皆知我坐過牢，走在街上，有人禁不住要回過身子多看我幾眼。

我發現，自己坐牢十年，人被掏空了，成了行屍走肉。但回到社會，我的所見所聞告訴我，社會上的人也被掏空了，好像掏得比我更空，更像行屍走肉。

九月廿九日，坐牢十周年。

拍照留念。我拿著照片看了又看，總感覺有什麼不對勁。後來，又拍過幾次，還是感覺不對勁。最終恍悟，原來是眼睛裡曾有過的光輝已不見了。

對這個家，對母親，我始終有著難以言說的深深自責。我闖下了大禍，自己坐十年牢不算，父親也被殃及十五年刑期。四個弟弟，三個初中只准進民辦學校，高中都不許參加考試，之後的工作分配全部受影響。

我常常在查找，我對這個家庭犯罪的根源，但沒找到。沒理由動機，但後果太沉重。黑十字架壓在我身上，穿過無數交替的白天黑夜。

死因不明的初戀

十年監獄出來，我已三十歲，沒交過男朋友，對男女之事一無所知。

我有過初戀。連我戀上的男孩也未必知曉我的心思。他叫金利勝，是金伯伯和金媽媽抱養的兒子。兩口子是鞋匠，在和平路開了個皮鞋作坊，後來搬到我家住的樓上。我十二歲，他十四歲。他在市一中住讀，我剛考上二十一中唸初一，他高我三個年級。後來，我也考進了市一中。他前腳出，我後腳進。他因成績優異，被保送入成都電訊工程學院。

我最甜蜜的事，即為金媽媽和金伯伯唸他的成都來信，以及為二老代筆給他回函。每封信結尾，我都寫上「齊家貞向你問好」暗示他，這是我的筆跡。我的靈魂似乎已是他家庭的一部分。

一九五八年夏，金利勝讀完大學二年級，突然捲舖蓋回了家，說是身體不好退學了。後來，我聽說是學院嫌他出身不好，父母親是資本家，保密專業不適合他，勸其退學。

不久，金利勝去北碚縉雲山當農民。此時，他二十歲，我十八歲。後來，金利勝把戶口遷到上海崇明縣農村。在那兒，他起碼可多吃幾斤糧食，不必每月拖累父母親接濟。他離開重慶，沒向我告別，沒留給我一句話。我傷心。

我把金利勝也「帶進」了監獄。每次想到他，我仍會激動。我想像他聽到我坐牢的消息後，是怎樣的震驚和傷心。我希望他能等我出獄。

我釋放回家幾天後，去三樓看望金媽媽。從房間的陳設看，連金利勝的影子都沒有。同金媽媽清聊一陣後，我站起來查看牆上的照片。這個一尺見方的相框，十年前就掛在這兒，裡面密密麻麻嵌著許多小照片，其中有一張金利勝的二寸高中畢業照。我在相片群裡尋找著，終於失望地發現，他不在這裡。

我詢問金媽媽關於金利勝的消息，發現這個話題很難繼續下去。金媽媽的回答始終是兩點之間的直線，短得不能再短。

「金利勝好嗎？」

「他好。」

「去崇明後，一直當農民？」

「喔，不。參了軍，入了黨，當了軍官。」含著隱隱的母親的驕傲，唯一一次多講了幾個字。

「安家了嗎？」
「是的。」
「有孩子了嗎？」
「兩個。」她的聲音暗淡下去。
「他現在生活得好嗎？」我問。
「好，好。」
至此，山窮水盡，無路可走了。
金媽媽用她最大的努力掩蓋她對我的敷衍，這個問題好像燙嘴。

毛主席死了兩年後，我從一個人嘴裡探聽到金利勝的一點下落：金利勝參了軍。入了黨。當了軍官。娶了老婆。生了孩子。他得到領導的高度信任，一直在新疆部隊工作。他有自己的隱祕計劃。但沒勝利：他偷越國境。在新疆與蘇聯的邊界線上，他被子彈擊中，倒斃在血泊裡。

二十年後，金媽媽已過世。她的女兒金小妹也已年近半百。她終於開口講了關於哥哥金利勝如下的故事：

文革期間，哥哥寫了一張所謂的反動標語。內容是針對林彪和毛主席的。同時在標語上插了一把刀。部隊查得很緊。哥哥預料難逃厄運就自殺了。他的妻子正帶著兩個孩子回上海探親。哥哥死了半年之後，部隊才通知他在上海的親屬。

聽完講述，我問金小妹：「可是我聽說你哥哥是被槍殺在中俄邊境上的。」她說，她也搞不清楚：「哥哥的死，始終是個謎。」

媽咪，你閉上眼睛吧

一九七二年春天，母親告訴我說，她胸口有一個氣包，肚子一陣咕咕響，氣包就升起來，過一陣它又消失了。我試著摸過兩次，沒摸到。以為這是母親吃苦、嘔氣太多形成的，沒在意。

後來，母親總說疲乏無力，站著想坐，坐著想躺。她說：「你們不要擔心，我不會死。我的任務還沒完成，你們全都沒成家呢。」

再後來，母親天天嘔吐，吐出來的比吃下去的多，是醬黑色。

帶母親去醫院看病。醫生檢查後叫她住院。母親患的是胃癌，打開腹腔之後，發現癌細胞廣泛轉移，已不能切除。母親時常嘔吐，她會把吐出來的東西吞回去。

後來，母親吃不下東西，周身浮腫異常。病情迅速地惡化。

我哭。母親安慰我說：「世界上哪有母親和自己子女永遠在一起的，母親總是要先走的。」

我問母親，有什麼話要同父親講，母親搖了搖頭，嘆口氣道：「他太耿直了。」

九月四日下午五時五十分，六十二歲的母親，溘然長逝。但她沒閉上眼睛。大同一邊哭一邊說：「媽咪，不要擔心我。姐姐和哥哥會管我，妳閉上眼睛吧。」

母親的眼睛閉上了。

下葬前，興國俯下身子，把頭伸進棺材裡親吻母親的臉。這是他一生中第一次親吻，親吻一個女人，親吻自己的母親。主事者急忙警告：「不要這樣，孝子的眼淚不能滴到死人的臉上。要不然，在夢裡都無法見到你的媽媽了。」

興國答：「不，我沒哭。」

興國親吻了母親兩次：第一次，他是代表缺席的、對妻子死訊一無所知的父親，因為他永遠也沒機會親睹妻子的遺容了；第二次，他是為自己，一直以來，他最耽心的就是母親的身體。

興國在山上撿了一塊殘破一角的石碑，寫上母親的名字，立在墳墓前。

他含淚向母親告別：「媽咪，妳不知道，從父親、姐姐被抓的那天起，我就對天起誓，一定要全力以赴保護好妳，等父親十五年滿刑歸來。我要把妳健康地、完整地交還給父親。我們仍然可以有一個圓滿的家。但是，媽咪，我的誓言沒實現，我對不起妳。」

我造了什麼孽？

母親不能再給父親寫信和探監了。

我們騙父親說，母親生病了。整日臥床不起，手不能寫，腳不能行。從今以後，信由母親口述，家貞執筆，探監也只能由子女代勞了。

父親一點沒懷疑。他立即寄回十一年來的全部儲蓄——八元，叮囑母親去看病。他不斷來信，要母親在床上養神運氣、做一些力所能及的手腳運動；還告訴母親，承蒙寬大，政府減了他兩年刑。他說，等刑滿回家，他要每天早上把母親揹到公園，做體操鍛煉身體，再揹回家。他熱烈地鼓勵母親千萬不要洩氣，要有堅強的信心戰勝病魔。

父親和我坐牢，給家人帶來了恥辱。

此時，很多深入農村接受勞動教育的知識青年，都以各種辦法回到了城市。每次城市招工單位來，公社都力薦大同。他的推薦表上出身奇壞無比，評語好得驚人。公社推薦他六次，六個單位全不收。最後，公社領導不得不對大同攤牌：「不是我們不推薦，而是沒人要你。你家裡兩個反革命，一個至今仍在押，問題實在太嚴重了。」

後來，我們設法得知，公安局是製造大同無法回城的元凶。在大同的檔案上，寫著公安機關的政治鑑定：「父親在押；姐姐曾被關；家庭社會關係複雜；海外親戚多。」所以，「齊大同入戶的事要慎重考慮」。

有錢能使鬼推磨。我們花錢打點關係。大同在一九六九年一月去農村，終於在一九七四年三月回城。母親的宿願達成。

一九七四年春，二弟安邦因為賭博被判處勞教三年。他的判決書上寫道：「齊安邦出身反動剝削家庭，一貫好逸惡勞，不務正業。」

一九七四年九月二十九日，父親坐滿十三年牢。留省二監就業隊就業，可以在週末回家。當父親跨進家看到牆上掛著鑲黑框的母親的照片時，他明白發生了什麼。父親對著照片痛哭失聲：「媽咪，我回來了，我對妳不起！」

第二天，父親和我，以及三個弟弟，一起去照了一張合影。照片上少了兩個人。父親哭泣：「我實在想不通，自己究竟造了什麼孽？」

一家人的戰爭

一九七五年初秋，報紙上登載中共對「原國民黨縣團級以上人員實行寬大，全部釋放」的消息。

中共按國民政府縣團級人員的待遇，釋放父親回家。安排他在重慶長江儀表廠——一個集體性質的企業——噴漆組當工人。上班之前，工廠開會宣布：即將有一名戰犯齊尊周來此上班。通知全體工人，「不許叫他同志，也不許叫他師傅，只許叫他名字」。

我家長期沒父親，從最大的我十歲、最小的弟弟十五個月開始，我們就只有母親了。中共不給一分錢，讓我家自生自滅。隨著多次抄家，父親的照片都被抄走了。母親奮力讓我們擁有快樂的童年。父親離家時才三歲多、兩歲多、一歲多的安邦、治平、大同，已不記得父親的模樣了。

在我們五姐弟中，我是人間門檻恭候弟弟們的第一人，他們都記得我。我離家十年歸來，依舊是他們的驕傲。但離家二十三年的父親歸來，我們卻無所適從，因為母親的位置被一個既熟悉又陌生的男人替代了。

我們努力像孝敬母親一樣孝敬父親。長年坐牢，沒摧毀父親內心的倔強。他說，如果時光可以倒流，他還會選擇留在中國，因為他「愛國沒錯」。

面對母親的早逝和家人承受的重壓，我們無法接受父親的這種執念。他辯解的話剛出口，就被我們的反駁淹沒。父親閉嘴了。兩代人無法溝通，一堵無形的墻隔離其中。

一九七六年「四五民主運動」[1]，我跑到重慶解放碑一帶撅起屁股憑借幽暗的路燈，拜讀張貼的一些自由知識分子寫的大字報。我嘴上不講，心裡激動萬分。

父親說：「好啊，周恩來死了，天安門在鬧事，共產黨要完蛋了。」我跟他一

---

1 「四五民主運動」，又稱四五天安門運動，是以一九七六年四月五日清明節期間在首都北京天安門廣場發生的大規模群眾非暴力抗議事件為代表的全國性的非暴力抗議活動。四月五日清明節，大批群眾自發在天安門廣場悼念已故國務院總理周恩來，同時用非暴力形式以此表達對毛澤東血腥統治的不滿情緒。毛澤東指令當局出動上萬民兵、工人、公安、衛戍部隊進行暴力驅散，並將事件定性為反革命政治事件。這是中共建政後的一次民眾自發反對運動。

樣，巴不得共產黨快點垮臺。

父親私下裡時不時給我漏幾句憤怒無比的反動話：「把共產黨員吊死，全部吊死！沒有一個好東西！」

我始終為他保密。這算是出獄後我和父親出氣的祕密通道。

父親和我，是四個弟弟重點監督對象。興國發現我和父親暗中的喜不自禁，擔心又要惹禍了。他兜頭潑冷水：「莫要胡思亂想，莫要胡說八道。沒得這麼容易，喔，這麼幾個人就把共產黨推垮了？」

父親長時間沉默不語。

我的愛情戰爭

作為機修組的大齡青年，我被介紹同一個男人認識。三十二歲，我第一次被一個男人親吻。戀人關係僅維持了三年半。

後來，我離開了機修組。

父親和治平，除了留點零用錢，工資都交給我，安排家用。安邦坐滿三年刑期，從勞改隊釋放，東一頓西一餐在外面混，很少回來。興國和大同，一個住在通用廠，一個住在朋友家。知道家裡多了一張閒嘴，他們每月儘量省些錢交回來。我被大家養著，像一個寄生蟲，非常愁悶。

我失業後，一位朋友請我幫她帶五歲的女兒。帶孩子，卻帶來了一個男人。這個男人戴眼鏡，近四十歲，名叫柳其暢。他的兒子八歲，正同朋友的女兒玩耍。柳在一九五七年被打成右派，開除軍籍，回家自謀生路。現在以照相、洗印照片為生。這樣認識了他。在我三十五歲時，他向我表達了愛意。

他對我講過一句動情的話：「妳十年青春在監獄裡浪費，我要盡最大的努力使妳得到補償。」

這句話震撼了我的心。我要跟他一輩子好。他要求結婚，我快樂地笑了。

我嫁去了柳家。家裡三代人——八十歲、四十歲、八歲，現在加上一個女人，三十六歲。柳家在紅星亭坡上。住的是二層樓房，由兩個不到十平方米的房間組成。十來塊木板和兩根長木條做成的簡易樓梯，連接樓上樓下。

結婚，比我預想的要乏味。我穿的婚服，是用五元買的布料，自己裁剪縫製的。我倆沒拍結婚照。我共收到六十五元禮金，大多是獄友送的，其中六元是父親送的，這是他向小組同事借的。

父親和我的四個弟弟，母親的生前好友車阿姨，加上柳的一位朋友，共七位來賓，在一家餐館參加了我倆的婚宴。父親祝我們幸福快樂白頭到老，其他人也說了大同小異的祝福話。只有興國在暗自流淚，他直覺感到這樁婚事有點異味，但說不清原因。他記起母親臨死前的囑咐：「你一定要關心家貞的婚事，她太輕信。」

我認為結婚，即兩顆滾燙的心熔成了一顆心，是核子碰撞，是熱量爆炸。但實情並非如此。新婚之夜，在兩人最熱烈的時刻，他冷靜如鐵，只有機械的勞動：「家貞，我們要省著用，十天或者十五天一次，只給我用，不給別人用。」

娶個女人睡覺，平時卻拒不接觸，很難相信有女人能接受這種冷遇。婚後第三天，我和他開始吵架。每次爭論，他總有理。

一九七六年九月九日，偉大領袖毛主席終於死了。這是特大新聞。

柳說：「今晚我們一定要慶祝。」

相信那個晚上，全中國所有的「牛鬼蛇神」[1]，只要有性夥伴，可能都在做同樣的事情歡慶。

我自然的天性，在監獄裡冰凍了十年，大部分已凍死。只有最核心的那一點還活著，這便是屬於我個人的愛情，我僅剩的最後的私產。

結婚六週，我就懷孕了。柳不愛我，我不想同他有兒女。他勸我把孩子留下。

1 「牛鬼蛇神」，原為道教、佛教術語，說的是陰司的鬼卒、神人。在文革中成為固定成語，比喻邪惡醜陋之物。這是中共對黑幫、反動學術權威、地主、富農、反革命分子、右派、走資派、叛徒、特務等政治賤民的稱謂。數以千萬計的無辜者被劃入此類人群。

我做了人工流產。大吵。

父親來了。我對父親說：「爹爹，我要回家。這兒不是我的家。」

我清理自己的財產：幾件換洗衣服，報紙一包，一根褲腰帶把它們紮住，即我全部的家當。

臨走前，父親看了一眼柳，緩緩地說：「大家先冷靜冷靜再說。」他自言自語講：「我實在不理解，一個男人，為什麼不能博得自己妻子的歡心，怎麼能講出要她滾蛋的話。」

坐牢十年，回和平路的家，是理所當然。這次嫁人僅四個半月，再回來是種恥辱。我在鄰里街坊的眼裡抬不起頭來。我家第一次遇到這樣的挫折，誰也不知道講什麼話好。父親的家，已不是我的家了。遠近的親友，我都求過了，無處可接納我。

有一天，我離家出走。見一堆人圍觀著什麼，我好奇地擠進去。原來是一個跑江湖的人正表演活剝狗皮的特技。鋒利的尖刀在他手裡游刃有餘，正一刀一刀剔割一隻小白狗的皮。皮，被完整地剔下來，攤在地上。血液從肉裡針尖似地沁出，把那隻與皮毛分離的小狗漸漸地染成紅肉球。紅狗痛得渾身上下直打顫，眼睛裡盛滿了悲哀與絕望，淚水一串串往下滾。

我驚醒了，原來是一個噩夢。人醒了，心還在痛。我突然意識到，我不就是這隻紅狗嗎？十年監獄和一開始就觸礁的婚姻，令人痛不欲生。但我還得活下去。不是真的想活下去，而是因為沒死。

從此，只要想到自己的苦命，我就會想起這隻血淋淋顫抖著的紅狗。

其實，我還是惦記柳。

現在，柳來了。他不是來和解，而是來吵架。柳大聲向樓上樓下的鄰居宣布：我回父親的家，是為了方便看我的情人林方。

林方和我，是在監獄裡認識的。他現在還在成都勞改隊就業。

柳咆哮道：「他每個月才二十九塊錢工資，願意寄二十塊錢給齊家貞作路費去成都耍。大家說，世界上有沒得這樣的朋友，各人飯都不夠吃，寄錢給她去耍？」

我寫信給林方，請他把以前提到過的二十元寄給我。

一九七八年春，我真去了成都。林方原為重慶土木建築工程學院的大學生，右派升級成反革命，坐牢七年。他滿刑後竟然當眾宣布，他要等齊家貞出監。當時我在女犯三中隊，十三年長路，還有七年要走。

林方到火車站接我。他滿懷喜悅，我心事重重。等我超過十年，從二十九歲出獄到四十歲，大家相信林方的喜日子到了。

我和他促膝長談。我講述自己出獄後的種種狀況，他傾聽。後來，他說：「只要妳願意，我還是要娶妳。」

他對我太好，讓我不安。我陪了他一晚。

成都無處接納我，我只得離開。臨行前，我對他說：「我將儘快回柳其暢的家，不打算同他離婚。」

長期的不看書報，我的靈魂開始反抗。我開始讀書。那些世界知名的文學著作，以其永恆的魅力照亮了我的生命。我的靈魂得救了。

一九七八年四月，中國科學院召開了文革以來第一次全國大會。大會第一次提出要辦「夜間大學」、「自修大學」、「電視大學」，要不拘一格培養人才。

這條消息使我塵封了二十年的大學夢從灰燼中甦醒，繼而像大火一樣燃燒。此時，我離開柳已半年了。我興奮地對父親說：「我要讀大學！」父親立即高興地回答：「好，你讀，你讀。」

我住在一個朋友家，自學已丟下十多年的數學書本。每天下午回到家，治平已把飯菜做好。晚飯後，我伏在桌上繼續自學。父親坐在另一端讀英文。他的英文已荒廢了三十年，決心把它揀回來。此時，我三十七歲，父親六十六歲。

「電視大學」沒讀成。一九七九年二月十二日，剛滿三十八歲的我，在重慶市中區工業局辦的電視大學班當了數學輔導老師。父親也隨後離開噴漆組，來當了英語輔導老師。為了區別兩個齊老師，學生們叫父親「大齊老師」，叫我「小齊老師」。

一九八二年一月十六日，我成為長江儀表廠的正式職工，借調到電大，實現了每個臨時工夢寐以求的目標。在這些時間裡，除了經濟上極度困難，婚姻挫折的煩惱和感情上進退兩難的折磨，使我日子更加難熬。我經常一個人傷心痛苦，像生活在地獄裡。

一九七九年夏初，柳約我相見。他破天荒第一次講了一句道歉話：「家貞，我對妳不起！」

這句話完全融化了我。我忍住淚，抖抖地問：「什麼地方對我不起？」

他說：「物質和精神兩方面。」

我感動得無以覆加。有這句話就夠了。二十二個月來，我天天在想他。我等的就是這句話。我痛哭流涕地跟他回家了。

大同在江北石門運輸社做抬工，從家中搬走。

興國住通用廠集體宿舍。

我嫁出了門。

和平路家裡，只剩下父親、安邦、治平三個大男人。

父親和安邦，也想搬走，但無處可去。離開的原因，為的是給治平結婚安家，他已有女友了。

興國在通用廠幹了十九年。一直住在四人間的集體宿舍裡。與他同時進廠的和晚許多年才來的絕大多數人，都分配了宿舍新房，因為他們結婚安了家。三十九歲的興國是一個光棍，但他有責任為父親找一個住所。他強行占領了一間宿舍，並與工廠軟硬兼施。最後，工廠讓步，把房子正式分配給了興國。父親和安邦，搬了過來，一個滿地黑泥、無陽光的地方。

我要做母親。三十八歲的我，決定在這個世界上留下我的「相似形」。

懷孕是順利的。不久，為了某件小事，兩人吵架。互不理睬，一句話不說，創紀錄地達一月之久。後來，在憤怒與羞辱中，我再一次逃跑了。這次和我肚裡的孩子一起跑了。

我拿走了柳唯一值錢的德國蔡司相機，是他以一百元低價從急需錢用的一個朋友手上買下的。我準備賣掉相機，換錢為腹內的胎兒買營養品；他扯斷我戴在左腕上的手錶錶帶，手錶攥在他的手心。這只上海梅花牌錶是因為我教書要掌握時間，借九十元買的，欠債剛還清。他揮了揮手錶：「妳不還我相機，我就不還妳手錶，很公平。」

兩週後，我通知柳來拿相機，他還給我手錶。我花兩元換了根錶帶。我要他每月付二十元營養費，直到小孩出世，他只答應十元。口說無憑。我要他寫在紙上。他寫道：「齊家貞所孕之子，如果確係我的後代，每月付營養費十元，以利孩子的健康成長。」

我情願死，也不能不要臉再回和平路了。

一位朋友暫時收留了我和我肚子裡的孩子。後來，朋友的丈夫的冤案已獲平反，將很快回來。她家只有一個房間，我這個孕婦無論如何不能擠住在此了。我又變成一隻懷了孕的喪家之犬。

所有的朋友再次在我腦海裡如電影鏡頭般過了一遍。還是沒一人有能力收留我。為了孩子，有違本心，我低聲下氣要求柳其暢接我回去。

一個和著血污、肚臍上留著一段醜腸子、兩個小拳頭握得緊緊的、閉著雙眼、臉漲得通紅、張大著嘴的新生命正啼哭。護士把她舉到我面前：「妳生了個女兒，五斤四兩。」

三十九歲的我，想要的就是女兒。那天是一九八零年二月二十七日。我上午九點半入產房，五個小時後產下了她。給她起名叫柳欣。

十年監獄，我對感情無所期盼；現在，我對婚姻有憧憬。但我和柳的感情生活像魚生活在乾坡上，痛苦與折磨難以言述。從某種意義上講，它比十年刑期對我的打擊更可怕。我想重回監獄裡生活。

女兒一天天長大。我的感情生活卻一天天地乾涸。

一九八二年七月，我和父親雙雙回到長江儀表廠。父親回到噴漆組，與他的油漆噴槍為伍當工人。我坐辦公室當幹部，負責廠裡的職工教育。

一九八四年春，電大「黨政幹部專修班」招生。五十歲以內、有三年工齡的幹部可以報考。我提交了報考電大的申請，但遇到了阻礙：我的報名表已被人改過，不是幹部，而是工人，工齡只有兩年。電大工作的三年被砍掉，不符合讀書條件。

有人背著我，對申請表做了手腳。我設法做領導工作，終於拿到了准考證。七月十五日，電大通知書下來了，我榜上有名。

一九八四年，我再次走進電視大學，作為一名學生。黨政幹部班是大學專科，帶薪讀兩年，我又回到了天堂。此時，我四十三歲，女兒四歲。班上所有的同學都比我小。最年輕的小我二十歲，最大的比我年輕十歲。大家叫我齊大姐，也有人叫我「老革命」。我心想，叫「老反革命」才符合事實。

一次，朋友約我去她友人的家。她倆講的事我沒興趣。

忽然，我注意到這個家裡有個癡呆兒子，十歲左右，木木的臉，眼睛大得有點走形，無精打采地坐在角落裡。我朝他笑了一笑。他立即向我走過來，嘴半張著，腳有點跛。我心裡升起一股憐憫，對他說：「你好！」他不回答，雙手捧起我的一隻手，把手放在他的臉上，頭在我的手上蹭來蹭去，像是拿一張軟毛巾在洗臉。我不明白他是要做什麼，只讓手順從地由他支配，被動地在他的臉上撫摸。後來，我恍然大悟：這孩子長期被人忽視，他渴望愛撫，渴望溫情。

一個十來歲的智障孩子，尚且如此，想到我自己。我突然明白了，為何我會被柳幾句話感動得馬上願意嫁給他，因為和這個孩子一樣，我也渴望愛撫，渴望溫情。

我和那個男孩患了一樣的病。

讀電大半年後，我從柳的家搬走了。

我像野草一樣頑強。晚上，與失眠搏鬥；白天，與疲勞抗爭；吃的是不能更簡單的食物，住的是不能更簡陋的小屋。

兩年很快到了。在畢業考試中，值得一提的是我的畢業論文。

起初，我打算採訪五十個右派，通過他們過去不幸的遭遇、當今的處境和每個人對「反右鬥爭」的思考，評價這場全國性的反右運動。但這是相當敏感的話題，可能會無法結業。我放棄了。

此時，一位作家寫的一篇小說吸引了我的注意：一對男女主人公在監獄裡相愛十多年，當男人得知女人早年被打成右派，泅水出走，游至江心被抓獲，犯的是「叛國罪」後，便毅然與她分道揚鑣，徹底決裂。

對於這篇小說，我有發言權。我不僅在監獄囚禁十年，更因為我、父親和我的同犯們就是現實社會裡的那位女人。我清楚那位女人為何出走，判她「叛國罪」是何等的不公。我要為她們冤屈的一生請命。

在答辯時，我大聲疾呼，作為一個被囚禁十年的受害者，我既是該小說的讀者，也是現實社會裡的那位女人，為所謂「叛國投敵罪」坐了十年牢。「如果沒有給我平反，我仍然是一名冤屈的靈魂，一名勞改釋放犯，哪有資格作為電大學生，參加今天的論文答辯。」

宣布我本人坐過十年牢，像一滴水掉進了沸油鍋裡，使在坐的老師和等候答辯的同學們大吃一驚。最後，老師給我的答辯結論是：「文章有新意，答辯也很好。」我得了一個「優」。

從女兒落地起，我和她的父親就不曾停止過爭鬥。柳甚至懷疑她不是他的親生女兒。在一九八零年底，我第三次滾了出去。柳又贏了。我生命中最後的一點私產——愛情死了。我生命中唯一的快樂，即我的女兒。

十年牢獄，我忍受下來了。但這十年的婚姻生活的煎熬，我已忍受不了了。我認為回監獄坐牢也比繼續維持婚姻好。我即夢裡的那隻被剝皮沁血的紅狗。

現在，我為離婚奔忙。

作為一個男人，柳是堅決不想離的。他無數次約我商談。他說，他所作所為完全是挽救我。他真誠地勸我：「真的，我是解放前、解放後八億人口裡難找的好男人。」

一九八二年九月，我正式稟告重慶市中區法院，要求與柳離婚。收到法院的傳訊信，快四十一歲的我，通宵難眠：又要回到判過我十年徒刑的區法院了。老檔案躺在那兒。現在又添新檔案——鬧離婚。

我起草離婚書。離婚理由是兩人性格殊異，長期在爭鬥中過日子，嚴重影響了雙方的工作與生活，也影響下一代健康成長。要求離婚，婚生女兒歸我撫養，柳每月付二十元生活費（她兩歲半），我不要一分錢財產。

不計其數的磋商與修改。柳要求把「不要一分錢財產」改為「雙方對財產無爭議」。

我說：「不是無爭議，是我根本不要財產，根本不存在爭議。」

他說：「既然如此，妳何必堅持？妳這是在節外生枝。」

我按他說的改了。怕我變卦，他要我添上「雙方保證今後不發生任何財產和經濟糾紛」。我也照辦了。

只要同意離，什麼我都依。最終，在離婚書上，他還就女兒加了一段文字，「（我）義不容辭地擔當起父親的責任」，「只要齊家貞不嫁人，我們還是好朋友，生病倒床，我倒屎倒尿服侍在旁心甘情願」。

在法庭，承辦人告知我：柳有事來不了。

第二次傳訊，他來了。他拒絕與我同坐一條板凳。

他發言時，說了一堆不堪的話：「齊家貞過去想叛國投敵勞改十年。現在她整天在打出國主意。她說這是她終生的願望，到死也不能改變。」

一個月後，法院判決同意離婚，女兒歸我，柳每月付二十元撫養費。

他不服判決，申訴到市法院。市法院的工作人員，為救婚姻一命，背著我做工作，柳完美配合。我給套住，只能簽字撤案，放棄離婚了。

剛把簽字的筆一擱，我就後悔了。之後的一年半裡，兩人打得頭破血流。

一九八五年一月，我第五次、也是最後一次滾出去。我通知興國，請他與妻子商量，把單位分給她、但未住人的小黑屋借給我。她同意了。我和女兒，搬進了這個房子。

我再次呈交離婚申請到區法院。

一九八六年十二月，在一週中，我拿到電視大學畢業證書和離婚證書。

前者象徵知識。後者還我自由。

無望之愛

女兒為媽媽的感情之事操起心來：「媽媽，妳另外找一個爸爸嘛。」

「妳願不願意？」媽媽問。

「願意願意，那我就有兩個爸爸了。媽媽找不到。」女兒答。

十年婚姻戰爭，已令我身心俱疲。現在我自由了。我應該撤銷禁令。碰到好男人，不錯過。

好男人曾出現過，那是在監獄裡。

在四川省第二監獄，女犯們從男、女犯混合的四中隊搬出去，單獨成立女犯三中隊的那天上午。一個年輕男犯上了夜班沒回寢室睡覺。他在技術室裡唱歌。我在他歌聲的陪伴下，扛著一百斤重的鍍鋅鋼絲，從打包室經過技術室到庫房。一次次經過，一次次重複聽他唱同一首歌。那首舒伯特的《小夜曲》，「往日的愛情已永遠消逝，幸福的回憶像夢一樣留在我心裡……」我是那天聽會的。優美的歌聲唱出了他憂鬱的心聲。

他叫汪進。一九五四年，周恩來去印尼萬隆參加國際會議，帶著在部隊文工團精挑細選的八名青年男演員做隨行。汪即其中之一。

一九五八年底，汪進被公安局逮捕，判刑八年。送到四川省第二監獄四中隊勞改後，他還沒想通：「就算提了幾點意見，領導打我漂亮老婆的主意，關我幾個月就差不多了，哪裡需要八年？」

最終，在高牆、電網和衝鋒槍的威壓下，他不得不接受這八年刑期。

侯幹事叫了十來個男、女犯去隊部，談談對中蘇分歧的看法。凡是國內外有一點風吹草動，監獄都要通過這類方式，掌握犯人的思想動態。我發了言，當然是堅決反對蘇修，並借用學到的句子，痛罵自己，還說「政治是不流血的戰爭，戰爭是政治的繼續」。侯幹事解釋了，我還是沒懂。於是，「一個侃侃而談的中學生」在四隊出了名。

就這樣，我走進了汪進的視線。他宣稱，我是他心中的月亮。

數月前，父親曾跑進女中隊站在我面前，希望我抬起頭看他一眼。如此膽大妄為，我嚇得只敢看地下。從此，他被嚴管。女犯搬走獨立成三中隊不久，汪進也調走，同我父親關在一起。有一次，我們女犯去那兒表演節目。因為很久沒見到父親了，我在臺上和臺下搜尋他，不見蹤影。沒找到父親，卻看到了坐在第一排的汪進，嘴巴笑得大大的，誇張地比手劃腳讓我發現他。後來，有人告訴我，汪進有一次表演節目穿的白襯衫，是「月亮的爸爸」齊尊周借給他的。

他的感情外露。無論我到哪兒，他都會跑到我身邊。他對別人說話，把我的視線引到他的身上。然後，他的眼睛再轉過來碰撞我的。抗拒他的進攻很難。我的刑期（只服了三年）遏止了我的感情。

後來，我們沒機會再見。

一九八一年春末夏初的一個週日上午，我去重慶師範學院找一位老師請教數學問題。在回家的路上，邂逅了汪進。在嘈雜的街頭，他低下頭在我耳邊不停地講著什麼，根本聽不清。很快分手了。

第二個週日，去重慶師範學院，再次遇到他。他在一九七九年平反後，在沙坪壩區教育局基建科工作。我們談了幾個小時，然後分手了。他與妻子關係很和睦。我與他只能是摯友。

後來，我與他繼續交往。我生活在矛盾中：他屬於誰，他的妻子，還是我？

我與汪進交往了兩年。幸福，但無望。

最後，兩人傷痛而終。

隱祕的計劃

父親歸家後，一直在為一個隱祕的計劃奔走：把妻子遺下的五個子女全部從這個國家救出去。但他面臨的困境是，自己一無所有，又拿不到出國的護照，況且這樣的事也無法假手他人。

怎麼辦？父親後來在自述中寫道：「一九四九年後，把我的道德觀幾乎都否定了，我失去了為人的準則。在新的最現實的生活中有一種手法，這就是為了目的可以不擇手段……，我於是也不擇手段，隨著社會的大潮流為私了。」

父親認為，只有借助有護照且有海外關係的單身女人。如果他和具備這樣條件的女人結了婚，那麼即可以她的子女之名將自己的五個子女救到國外。

父親決定「不擇手段」地尋找符合這樣條件的女人，以女人作為「輪船」，「搬運自己，搬運兒女」出國。

六十多歲的父親穿戴整齊，仍然很有派頭，很受女人喜愛。他接二連三地找女人，並帶著我同往。

我陪父親去探望彭阿姨。彭是一九七六年春與父親同一批從監獄裡釋放出來的國民政府縣團級人員，比父親大幾歲。彭與她的丈夫在中共掌權後同時被判處死刑，丈夫立即執行槍決，她因為懷孕揀了條活命。這位刀下逃命的女人，舉止優雅，受過良好的高等教育。她曾是蔣經國太太蔣方良早期的家庭教師，與蔣家過從甚密。父親「追求」彭阿姨。我在父親和彭阿姨之間充當信使。有一段時間，每個週日都要互相見面。

父親數次鼓勵彭阿姨利用與蔣經國、蔣方良的深厚關係，申請去臺灣，數次被彭阿姨拒絕。彭一再表示，她對政治從來沒興趣，過去沒有，二十幾年牢獄之後更加沒有。現在她只希望餘生與兩個女兒過幾年安生日子，享受天倫之樂。

父親兩手空空失望而歸。

父親打聽到一位在李子壩學校教書的老師，也有海外關係。我充當父親的跟班和通訊兵參與他倆的交談。很快我就發現，這個女人不僅不想出國，也根本沒交男朋友的興趣，冷冷的，愛理不理的。父親不得不放棄。

一九七六年前後，中共鼓勵釋放的國民政府縣團級人員出國和去臺灣搞統戰，有過幾篇關於戰犯去香港、臺灣的報導。父親在家徵求我們的意見。他想利用中共這個號召申請去臺灣。

父親說：「如果放我走，屁的個統戰，我搞反統戰。」此言一出，差點沒嚇死我們五姐弟，遂斥責聲雷鳴：「這麼幼稚！他們搞統戰就是搞陰謀，掏出你的真心，再以此收拾你。與共產黨作對，你永遠莫想贏！」

在我飽受十年失敗婚姻折磨時，父親在工作之餘，不斷寫信向政府、法院、媒體陳情，要求重審他和女兒的案件，無回音。

一九八零年，父親被點名當了重慶市中區政協委員。父親發出一個提案：建議重審我們父女倆的案子，要求平反。

父親於一九八一年設法恢復了「美國鐵路高級管理人員協會」的會員資格。從此年開始，父親每年都會收到美國來信，邀請這位一九四六年的老會員參加年會。父親申請護照，每次都在鐵路局和公安局之間推來推去，直到會期結束。

父親聯絡在區政協裡的三個女人，我都見過。其中兩個單身，正派，都有海外關係，但出國門路好像不暢通，被父親淘汰。剩下的就是有夫之婦龐阿姨了。

龐阿姨，名叫龐婉儀，音樂老師。她比父親小二十三歲。她單身一人時就想出國。文革中，她與幾個男人往邊境跑，事敗流產，別人坐牢，她幸運漏網。現在，有了兒女，她想自己走，也帶他們走，一分鐘也沒停止過嘗試。

龐阿姨是先知，她早就身體力行「為了目的可以不擇手段」，是個不達目的誓不罷休的人。在一九八一年初的一天，父親和我見到了她。

父親無疑是後覺。中共建政前有人請他走，他堅決不走；坐了長牢之後，才拼死一搏，全家人都走，一個不留。

「先知」遇見「後覺」，痛感相見恨晚。

龐阿姨很能聊，聽眾就只有父親與我。她特別提到她在美國的作家二哥，得過獎，對她非常好。還有她的十哥，在阿根廷做大生意。父親聽得津津有味，一臉欣喜，哪怕已聽過無數次，他還是喜歡再聽。

龐阿姨對她的丈夫冉莊非常粗魯，父親和我都親眼看到過。我問父親，既然龐阿姨「說她如何如何愛你，那為什麼還腳踏兩只船，不同冉莊離婚」。

父親說，那是她的事，「她自有安排，不好催促」。父親執意和她來往。我的勸說，只換來父親的生氣。龐阿姨自私貪財，我和弟弟們都討厭她。

與國跪地求父親：「爹爹，請想想死去的媽咪，為這個家她犧牲了自己的一切，包括生命。這個姓龐的女人，她不是真心愛你，是想利用你達到她出國的目的。你同這個有夫之婦來往，對得起媽咪嗎？」

父親不回答，轉身離去。

興國越想越傷心，跪地不起，痛哭不已。

龐阿姨喜怒無常，高興時一粒冰糖，不高興時一記耳光，父親時而春風滿面興致勃勃，時而神情黯淡獨生悶氣。一天，父親突然憤怒地自言自語：「這個人真惡劣，自私透頂！」我馬上追問：「爹爹，你在說誰？」

父親不理我，迅速走開。

父親很殷勤，不惜借債把龐阿姨和她的兒女帶去廣州旅遊。父親找廣東的老熟人為龐的女兒待價而沽嫁出國，籌劃為她的兒子交學費到深圳讀書，再進一步尋找門路去加拿大、美國留學。

龐阿姨其實是在押寶。

她認準了一九八一年中國改革開放大勢所趨，父親毫無疑問將獲得平反。這位恢復了「美國鐵路高級管理人員協會」資格的老會員，加上法國、美國、臺灣等諸多海外親朋好友的幫助，父親出國肯定沒問題，只是時間早遲而已。於是，龐阿姨不擇手段地「愛」上了父親，儘管她的丈夫還活得很好。

父親其實也在押寶。

一九八一年初在區政協認識了龐阿姨。龐告知美國的二哥和阿根廷的十哥，事業有成經濟富足，都答應不遺餘力幫妹妹出國。她幾個重慶的哥哥、姐姐全是黨員，是市公安局、檢察院等政府機構的實權人物，看在她的份上，保證會幫父親平反。等她出了國，絕對把父親這個大好人弄到海外去。

父親暗喜：重慶舉目無親，反革命身分尚未平反，海外親友謝文龍、齊敬嬰早已失去聯繫。想給子女一點錢，瞪眼看看三十四元五角工資；想出國，沒門路。現在，自動上來了一條「輪船」，要把他「搬運」到海外，那他的五個兒女也會「搬運」到外國了。於是，父親也配合「愛」上了龐阿姨，哪怕她是有夫之婦——這才叫「不擇手段」嘛。

遲來的「正義」

一九八二年春，市中區法院正式重新審理父親和我的案件。同年九月四日，母親逝世十周年。父親和我並排站立，法庭庭長對父親第一次歷史反革命罪的宣判「無罪」，同時對我和父親的案子的宣判「無罪」。在宣判過程中，父親和我木無表情。突然，從樓上掉下來一條木塊，打在玻璃窗上，發出噹的響聲。父親說：「是媽咪打的招呼。」

拿著這張宣告無罪的紙，父親要求重慶市鐵路局補發從一九五一年三月到一九五二年八月扣發的工資。後者說，無原始依據可查，不能賠償，可以一次性給予三百元人民幣生活補助；父親要求鐵路局恢復他的工作，後者給七十歲的父親辦了退休；父親說他無處睡覺，鐵路局分給他一間六平方米的住房，但每月得付九角六分錢的房租。

我，一個學生，十年冤獄，只得到了這張「無罪」的紙。

這張紙有一個好處，即可申請護照，允許出國。法律規定，判過刑、坐過牢、沒平反的政治犯，政府拒發護照。

我和父親拿到了護照。

父親每天清晨，堅持跑步鍛煉身體。回家時，周身是汗，無處洗澡，只能提桶冷水到樓下，赤膊，穿條褲衩，當眾淋浴。

父親在六平米住房裡，讀書，看報，也學習英文。偶爾會去母親墳前訴衷腸。

我去看望父親。他一臉沉重，沉重裡飽含著痛楚。我以為他在生病，他卻衝動地對我說：「家貞，我要做壞人！」

父親無立足基石、前行目標和為之生存的明日。他要做壞人——他不得不找出路。這是他忍受了三十多年的壓迫後發出的呼號。

父親的戰爭

一九八四年九月下旬，父親通知所有子女去重慶一家著名餐廳吃飯。父親白皙的兩頰泛起紅暈，眼睛裡喜氣蕩漾，身旁坐著微微含笑的龐阿姨。他高興地向大家宣布，他已獲得去法國的探親簽證了。

父親一直守口如瓶，當然是想給他五個孩子一個驚喜。不僅是驚喜，簡直是大喜過望，好久沒這樣開心了。

父親去跟親友告別。每到一處，每見一人，他都忍不住地落淚。他一輩子也沒哭過這麼多次。

我悄悄提醒父親：「爹爹，現在你遠走高飛，龐就威脅不到你了。你完全可以與她一刀兩斷。」

父親頓了頓，回答：「這怎麼可以？我對她立下山盟海誓，保證絕不反悔！」

父親寫好了給孫子輩取的名字：齊見光、齊見復、齊見中、齊見華、齊見自、齊見由、齊見民、齊見主。

後來，父親的兒子們只生了五個孫兒女，只用了前面的五個名字。中共「寧添十座墳，不添一個人」的計劃生育政策，斷了他的美夢。直到孫兒女們三十歲以上了，我才突然發現，名字末尾連起來的八個字是：「光復中華，自由民主。」

父親變得聰明。他撒了個煙幕，沒把最後的八個字直接寫出來，而是混在名字裡。否則，我們一定會痛罵父親，不敢遵他旨意取名了。

父親離開中國前，接到他的五個兒女和龐阿姨的指令。

五個兒女們要求：「一，不能去臺灣；二，不可參加政治活動；三，不搞政治庇護——他們對你鞭長莫及，就轉而加害我們了。」

龐阿姨要求：「你想，早在你反革命身分尚未平反，我不管你比我老二十三歲，就愛上了你，一直愛你到死。你現在要出國了，你得給我對天起誓，一定申請我出國團圓。你莫要辜負我，否則，我死了變成鬼也要纏住你，使你不得安寧。」

父親出國後，遵守了以上的要求——只參加過一次集會，舉牌反對美國政府收緊家庭移民法——直到一九八九年天安門屠殺後，美國政府給所有當時滯美的中國人政治庇護。

父親也遵守了龐阿姨的要求：他一直守候到她成為一罈骨灰。

臨行前，父親帶著幾樣母親生前愛吃的糖果，前往母親的墳前話別。母親的墳墓，父親於一九七九年在一位風水先生的指點下，遷到了山水環抱的吉祥之地——歌樂山。那塊殘破了一角的石碑，也遷了過來。父親手撫著碑上母親的名字，像撫摸母親的臉。秋風從河面上吹過來，母親墳頭一棵新栽的小杉樹微微搖動。父親低頭啜泣：「媽咪呀，我走了，我不知道什麼時候才能回來再見妳。我帶走了妳的幾件衣物，不管我到哪裡，我都和妳在一起。我一定要讓妳含辛茹苦拉扯大的、我們的五個子女全部逃出虎穴狼窩，遠離專制苦難。」

父親對送行的興國說：「等著吧，你父親七十二歲第二次出國打天下。」

父親從巴黎來信說：「我天天吃黃油、麵包、牛奶、巧克力，天天到處玩。越享受，越想起你們，心裡就越難過，你們實在是太苦了。」

在法國時，父親收到了「美國鐵路高級管理人員協會」的年度會議邀請函。在三個月的探親簽證期滿前，父親得到了美國簽證。

一九八五年一月二十五日，父親口袋裡裝著所剩無幾的美金，腦子裡塞滿了救五個子女出國的計劃，提著那口象徵吉利的火紅色的新箱子，踏上了美利堅合眾國——這塊他為之揹負了無數苦難的地方。

在年度會議上，父親發了言。之後，他沒按規定離開這個國家。他消失在茫茫的二億五千萬美國人之中，成為一名「黑人」。

父親染髮冒充五十歲找工。後來，他通過其義父謝文龍公公的幫助，在三個地方做過工。前兩個地方幹得時間不長。第三個是旅館，老闆是個姓葉的臺灣移民。父親的職務是櫃檯經理，工資平均每小時不到兩美金。上夜班，從晚六時到第二天早上九時，十五個小時。

很快，只要有熟人去中國，父親便帶錢給我們，叮囑我們「喝牛奶和吃黃油，一定要把身體養好」。

父親一直在吃帶有黃油的麵條。

他對黃油的鍾愛，源於一九四五年去美深造實習。他對營養豐富的黃油信心百倍。現在，他每天煮一大鍋爛麵條，佐料只有黃油和鹽。鍋藏在櫃檯下。沒人，端起鍋子猛吃。來人了，他擦擦嘴，趕緊藏回去，接待顧客。每日三餐都是它。父親知足。

五個子女與父親書信往來，開始懂禮貌了。回信最多的是我，其次是興國。

一次，我綠豆大小的字密密麻麻寫了六頁。歷數我認識龐阿姨三年多目睹的樁樁事實：「請父親明察秋毫，她非善良之輩，不正派，不斷撒謊騙人，不夠資格進齊姓家門。齊家雖敗，門風猶在！」

父親回信說：「家貞浪費這麼多時間寫空話，不如多讀點書。」

父親到美國打工兩個月，就把剛掙到的一點美金寄回國了。

他要報恩。幾十年來，他腦裡裝滿了恩人、親友的名字，北京、上海、廣州、海南島，只要人還活著，一次送一、兩百美金。

父親還讓我和大同去重慶市孤老院送了四百盒月餅。每個孤老人一份，每份四個月餅。他在信裡說：「數年前我參觀孤老院，那些孤苦無依的窮苦老人令我心酸，我忍不住流淚了。當時就想，總有一天，我要贈給他們一點溫暖。」

父親成了搖錢樹。錢，多數去了重慶。他寄支票給興國，五個孩子平分。為了省寄費，父親把給龐阿姨一家的匯在一起。

後來，我們用父親的錢，把母親的墳墓修葺一新。立了新碑，碑上刻著：「不然一身養育兒女」、「兒孫滿堂未享天倫」，橫額是「一生辛勞」。

父親叮囑：「你們一定要補充營養，要多吃黃油，把這些年身體的損失補回來。」

窮慣的孩子們不怕窮。我們寫信要求父親：「一定不要再寄，你這麼大年紀掙的血汗錢用起來心痛。如果有多餘，存起來用在刀刃上。」「我們基本生活有保證，爹爹不必擔心。」

龐阿姨以為我們跟她一樣愛錢如命，一再叮囑我們：「你們不要找爹爹要錢嘛，他掙錢好不容易喲！想起你們爹爹的苦，我就哭。」

在父親幫助下，我有了存款。

我把女兒送進全國最早創立的、重慶文學青年私人企業家開辦的幼兒園，每月六十五元學費。女兒學畫畫、鋼琴、唱歌、跳舞。

「媽媽，我好高興喲！我最愛畫畫、彈鋼琴、唱歌、跳舞了，老師、校長都喜歡我。」女兒興奮地向我匯報。郊區的蚊子多，她說：「媽媽，中午我睡不著。我把蚊子捉起來，放在瓶子裡看起耍。」

第二次，父親分開寄錢了，因為龐阿姨不願意混合寄。寄到重慶的錢，大錢，小錢，多數都給了龐。小錢是指父親信封裡夾寄給她的十元、二十元美金紙幣。大錢是每個月寄去的生活補助費。她要錢的理由棒極了：父親走後一年，她與她的丈夫的「離婚費」；「離婚後要給冉莊買房子的費」；離了婚，「東西分走不少，添置新東西」費；過度思念「丈夫」「昏倒了的住院費」；「體弱多病」的營養費；送給「二對公安夫婦的禮品費」；寄給她「二姐的感謝費」等等。剛寄給她四百美金，又去信，「你是我四、五年的丈夫，你就是冉嶠的父親，他要買英文打字機，叫我找你要」、女兒冉屹「十月份要生娃兒，你可在信裡寄二十元送她表示關心」、「我校一位老師的愛人在法國學習，最近要回國，如你病好了（注：父親正屙血尿），有錢，是否可託他帶點錢給我」等。

一九八七年八月十三日，父親完成了近十萬字的自述。記述了對祖輩、工作、自己、女人、家庭、社會和妻子的評價。這也將是他留給五個兒女的遺稿。父親在兩個月後寄給了我。後來，我將自述的複印件帶回重慶，每個弟弟送上一份。

在自述中，他提及祖輩的過往，他稱祖上人丁興旺，但到他這輩時，只剩下他一家三口，父母親對他寄予厚望。之後，他勤奮讀書和認真工作，「從沒出過差錯」。

他提及一九四九年中共掌權後，自己的身分給家庭帶來的「悲慘」，他感到像「晴天霹靂」。他從一九五一年至一九七四年被集體勞改、拘禁、外地服苦役、冤獄共二十三年。他在「這個無法無天的政權」下，「時刻擔心著妻子、兒女怎樣活下去的問題」，他「從來沒產生過一個會死的念頭」。

在五個兒女的成長過程中，他無法教育和陪伴，「內心的隱痛」無法言表。當他出獄歸家後，面對兒女們的冷嘲和責難，「深深理解原因所在」，並「絲毫沒責怪」，因為「窮途末路、四海茫茫」，他也「是失去了航向」。

他提及母親時稱，自己在監獄裡，從一九五八年至一九七零年連續十二年，身體一直浮腫，全靠母親送來的食物餵養，才得以保留「這條賤命」。他稱，同母親「一起生活的時間大概是十五年」，感覺非常虧欠母親。「媽咪既是我的恩愛妻子，也是我的救命恩人，我這生辜負了她。」

他寥寥數語提及自己「不擇手段」選擇女人作為「輪船」、「搬運自己，搬運兒女」逃離中國的想法時，感覺自辯是「不妥」的，「不如讓苦水往自己肚裡嚥」。

他認為自己能夠死裡逃生，「是蒼天的厚賜」。他感恩眾多親友對他的家庭的救援。他稱，自己能夠做的，即「多做些有利於人民（不限於自己同胞）」的事情。

對於一九四九年中共掌權後，他從三十七歲至後半生所受的折辱，父親一字未提。

香港的劉劍娥阿姨之父是父親多年同事。劉阿姨的先生已過世，八個兒子中，有五個在美國。當我家落難時，劉阿姨寄錢到重慶接濟。母親過世後，父親曾稱想同她結婚，我們姐弟都贊成。

為了自己的隱祕計劃，父親同時與香港的劉阿姨和重慶的龐阿姨周旋。滯留美國一年半後，父親還在兩個女人之間舉棋不定。在娶誰或不娶誰的問題上，都摻雜了太多的與愛情毫不相關的考量。他得做出畢其功於一役的抉擇：一，能不能跟他一起掙錢補助五個兒女；二，能不能有利於自己拿定居；三，能不能提供「輪船」載孩子們飄洋過海出國。

父親內心的孤獨鮮為外人知。

作為女兒，可能是父親惟一可以敞開心扉的人。

父親簽證已過期，屬於非法打黑工。他絞盡腦汁想找女人結婚拿定居。美國老女人——太老太懶，不可能與他一起為中國兒女亡命掙錢移民；香港的劉阿姨，身體不好，一輩子享福吃不得苦，也不行；剩下「自私」、「惡劣」的龐阿姨，好像也不行。

父親在中共鐵拳下熬了三十五年，完全靠一個願望，即把母親和五個兒女救到自由世界。現在，他時刻擔心被移民局抓住遞解出境。他快要熬不下去了。他數次在暗夜裡向過世的母親哭訴，祈求她的保佑：「媽咪啊，懇請妳快快顯靈，保佑尊周拿定居。」

那天，是一月一次的休息日。父親去謝文龍公公的家。他走進香火繚繞的佛堂。點香。朝菩薩跪拜。他祈求保佑：「菩薩啊，請您看在我五個無辜兒女的份上，以您無所不在、無所不能的威力幫助我，幫助我定居，幫助我家人來美。」

後來，父親眼淚長流，站了起來，埋頭痛哭。兀自沉浸在哀傷中的父親，不知何時，他的義父謝已站在了身旁。

「阿齊，你回大陸吧！」謝緩緩地說。

聽聞此話，父親如遭雷劈。此時，父親驚醒：原來義父謝並不是他的知己。他感覺自己一生追隨錯了人。

從此刻起，這一次，也是第一次，父親違背了謝的指點。他決心紮根美利堅，寸步不移。

我們在與父親來往的通信中，不斷提起劉阿姨給了我們許多母親般的溫情。我們說：「劉阿姨對爹爹你充滿了真情，她才是真正愛你的！」

父親回信：「想起她，我流淚了，……會成為你們的好媽媽。可是，她一輩子養尊處優，……哪能想像得出我過去三十五年在大陸經歷了如何的監獄生活，……我現在在美國過的又是怎樣暗無天日、前途渺茫的生活，我面對著怎樣的表面笑心裡哭的困境。我一無所有、一無所長，拿什麼愛她、娶她、給她幸福。我現在這把年紀，完全清楚娶她就是害她，就像我愛你們的媽咪，娶了她，我就害了她一樣。……她怎麼有能力與我一齊從零開始拼搏、創業打下經濟基礎，為你們出國效盡犬馬之勞？……我今生今世不願意再哭第二次，我已哭過媽咪一次了。」

後來，劉阿姨從香港來信稱，父親用情不專，已放棄嫁給父親了。兩年後，劉阿姨搬家清理衣物，重讀父親這幾年裡寫給她濃情厚意的長信，她悲從中來，心臟病猝發而死。父親接讀噩耗，痛哭失聲。

在父親離國一年後，重慶市鐵路局分了一室一廳的樓房給父親。

龐阿姨給父親去信，要求作為妻子「住進丈夫分的房子」。父親叫我們把房子給她，「家貞若無住處，可與龐阿姨商量，由她決定」。我立即回信：「我到處流浪居無定所，四弟上門女婿受氣不盡。對不起，房子，我和四弟已搬了進去。」父親絕口不提了。

龐阿姨叮囑父親，在美國填寫定居登記表時，「別把嶠嶠忘了」，「你百年後，我只有靠他了」。「你從八四年離開我到現在（注：一年零四個月），我的眼淚已流了有大半盆子了。我天天在盼我的命根子丈夫搭救我，這是妻子的正當權利。」她先後要父親設法在廣州、深圳、香港為她找工作，請人出邀請信、出經濟擔保弄她去法國，去加拿大，去美國，去父親有海外關係的任何地方等等。她又要父親多存錢，存夠了經濟擔保錢，再找她美國的劉二哥出面申請龐妹妹移民，「不要他出錢，他肯定答應」——結果被斷然拒絕。

對龐的每項要求，父親都一再厚著臉皮央求他人。結果一事無成。

焦頭爛額的父親給龐回信：「夫婦的緣分是由前生註定，我的處境太苦了，這苦衷極難得到各方的諒解，我這時實難預測。」

龐阿姨急了：「看了你的信（注：父親透露想娶美國女人，自己身分搞定，馬上可申請兒女），我暈倒了。……不讓你離開我，因為我要對你，以及我們所有的子女五加二，七個，負責。」「你情緒反常，要先安頓四十多歲的子女，然後才考慮我，你沒把我放在心上。」「你太自私、太自私了，為什麼逼我於死地，犧牲我而救你的子女，你良心何在？」「（我要）通過我自己的努力辦到，出乎意料地去到你身邊，看你認不認我。」「這幾天，我忙於辦理我們的結婚登記手續（注：剛拿到與其丈夫的離婚紙），他們是這樣回答我的，辦手續要雙方到場，像我們同居四年，已構成了事實婚姻——同居三年以上就算，以後可以補辦手續，所以就沒領到結婚證。事實婚姻是受到法律保護，不允許受破壞的！」

出國後，父親對龐的態度按時間分三個發展階段：第一階段，他說，對龐的問題（自私撒謊）並非毫無認識，他現在自身難保，她的事是個未知數，希望子女們不要對她太過分。第二階段，父親說他七十多歲了，子女們為何還要管他的私事。第三階段，去美兩年半，父親來信索要母親的死亡公證，他決定與龐結婚，請子女尊重。

我和興國反對父親娶龐的叫聲最響。興國甚至想以死相諫：父親不能要龐這種女人。

父親強調：「告訴家貞，等著看將要發生的奇蹟！」他有完全的信心讓他的孩子們、特別是家貞，懂得什麼叫「大謬不然」，什麼叫「奇蹟」。

老天保佑，奇蹟真的出現了。

父親喜極欲狂，這一天他到底等來了，忍來了。

龐寫信告訴父親：「從八五年初，也就是你到美國的同時，我就開始策劃這件大事。由於被重慶的幾個哥哥弄糟了，一直沒成功。」

兩年後，一九八七年五月，皇天不負有心人。龎阿姨的理想實現了：她的移民簽證已到手，是去阿根廷接受十哥贈送的百貨公司。

父親越是喜極欲狂就越是謹小慎微。他擔心夜長夢多，擔心美國、阿根廷兩頭失落。最穩當最保險之途是，龎先去阿根廷接受哥哥饋贈，拿到阿根廷居留後，再來美國探親與父親完婚。順理成章把父親接去阿根廷，當光明正大的永久居民。父親分析，龎的阿根廷移民身分百分之百確定，而去美探親謝文龍，所有理由純屬虛構。萬一成都領事館看出破綻拒絕龎，電腦裡有了拒簽記錄，影響她日後從阿根廷申請來美的結婚大計。

父親勸龎：「何必捨易求難，做這種因小失大、得不償失的蠢事呢？」

龎回答，其他事情都不重要，她太思念齊愛人了，一個人悶在阿根廷幾個月會把她慪死的。她堅持移民阿根廷之前，先順路去洛杉磯與「我的心肝」相會，辦理好手續「把你套死」，甜蜜兩個月，再帶著夫君到阿根廷。「之後我倆再攜手申請」齊家五子女和龎的兩子女共七個孩子移民，有地方住，有百貨公司上班，齊家從此苦盡甘來抵達彼岸。

這是兩條路線在家庭裡的鬥爭，父親是：重慶—布宜諾斯艾利斯—洛杉磯；龎是：重慶—洛杉磯—布宜諾斯艾利斯。一時間，兩軍對峙，互不相讓。纏不過龎對父親的愛情，纏不過女人的執拗，「重慶—洛杉磯—布宜諾斯艾利斯」線路獲勝。

父親開始為龐去美探親的所有手續奔忙。他自己無正式身分，在美國無任何根基，事無巨細都得求人。一聲請求，八十八歲的義父謝文龍公公，督促幾個兒子幫助不沾親不帶故的陌生人龐，來美探望謝文龍親人。邀請信、工資單、稅務證明、銀行存款都準備妥當。他們認為幫齊尊周完婚，幫齊尊周去阿根廷定居——總比非法居留美國好，那就是幫助齊尊周一步登天，實現他五個子女全部逃離虎口的美夢。

龐阿姨向父親稟報：阿根廷移民手續早已辦妥，你寄來的美國探親證件齊備，「我八月中旬將去成都美領館申請」。

父親叮囑：「切勿讓領館知道妳來美要同我這個無身分的人結婚，美領館將拒發妳的簽證。」

龐阿姨拿到了去美國的探親簽證。父親寄給她已買好的上海—洛杉磯—布宜諾斯艾利斯的機票，並給她兩千美金置裝費。

仍持中國護照的父親，立即寫信請龐查詢重慶市公安局，「齊尊周應當如何申請移民阿根廷，可否不返回大陸而在美國直接辦理」。

父親忙得不可開交。聯繫安排好上海、北京兩地的親友們，準備好全程照顧即將經美赴阿的龐阿姨。親友們得知龐馬上要幫助齊尊周，還有他的五個兒女移民阿根廷，使齊家諸人即將過上好日子，紛紛決定傾其所有感謝並招待龐恩人。

洛杉磯、舊金山、紐約，上海、北京、廣州，國內外所有親友們，無一例外分享了這個令人歡欣鼓舞的消息——唯有重慶和平路齊家五子女死水一塘。父親希望把這個祕密保留到最後一秒鐘，像原子彈轟然爆炸，帶給孩子們難以想像的驚喜。

重慶的龐阿姨與父親緊密配合，事無巨細。但對近在咫尺的父親的五個子女卻極度保密。直到走前，興國出於好奇，想看看龐阿姨護照上的美國簽證是什麼樣子。她說：「護照已鎖進箱子裡。」

我為自己辦「葬禮」

不幸的消息來了。

興國妻子的家裡發生了變故：她弟弟的三歲兒子從五樓跌下摔死了。想換個地方治療內心的創傷。他們要借住我正住著的這間小屋。

我又流浪了。四十五歲的年齡，四十五元的工資。兩口之家，零平方米住處，怎麼辦？我只好帶著女兒到四弟大同那裡，母女倆擠一個單人床睡。

父親讓我寫信給即將從法國移民澳大利亞的楨謨叔公的外孫女林，望她能為我去澳洲讀書助一臂之力。一九八六年末，林給我寄來了墨爾本霍桑英語中心的入學報名單，該校招收海外讀英文的學生。

四十六的我，望著那張通篇一字不識的英文表，手抖得冒汗，深怕寫錯一個字。一張簡單的表，花了三個晚上才填完。一個月以後，林把表寄回來，他發現我漢語拼音的名字不正確。

父親寄了五千美金給林，替我交了半年學費，並出了經濟擔保。學校的入學日期是九月一日。

我跑了五次澳大利亞駐北京大使館。在給簽證官寫了一封平靜中含著血淚的呈情信後，拿到了簽證。

我為自己舉行了一場「葬禮」，告別和埋葬過去了的自己。

我看見自己捧著「昨日齊家貞」的骨灰，走過歌樂山腳下的大池塘、老人院，爬上高坡，到達歌樂山峰頂，站在母親的墳頭旁。母親靜靜目睹我一個人參加的「葬禮」。我把骨灰埋在她的身邊。

那活過的一萬多天，只是一天的重複。我向母親跪下，說：「親愛的媽咪，麻煩您照看一下提前睡在這裡的女兒。請您為我祝福，我將在您祝福的霞光裡再出生一次。」

七歲半的女兒，得知我要出遠門，以為不要她了。她哭。誰也不能讓她不哭。後來，她哭到睡著了。我默默地告訴女兒說：「過幾年，媽媽回來接妳走。」

離開中國前，我與父親截然相反，沒流一滴淚。

在我飛赴澳大利亞時，龐阿姨幾乎也同時飛赴美國與父親相會。

四十七歲的老嬰兒

鐘聲響了，一條生命赤裸裸誕生了。

我是全新的，屁股上有個紅色的胎痣——形狀像隻狗，那是上一世留下的、以青春生命作代價的印記。

一九八七年八月二十九日晚，我從香港登上去澳大利亞的飛機。從地球最北部到地球的最南端，來到這個自由的國度。四十七歲的我，重生了。

去霍桑教育學院報到。班上十六名學生，除了一個上海人和我，其餘的全部來自廣州。我是最老的，比他們大十到二十歲。我從英語二十六個字母學起。在英文的領域裡，我是個嬰兒。

來上課的學生，為了保持學生簽證，除了得繼續繳納昂貴的學費外，還必須滿足移民局百分之八十上課率的條件，學費和上課率兩者不可缺一，否則拒絕續簽。

一旦簽證被拒，就意味著滾回去，不滾回去就意味著非法居留。

為了兩全其美，不少人就拼命打工掙學費、維持生活、清償債務。同時，也儘量來上學，坐在教室裡無精打采硬撐，保住百分之八十上課率。所以，除了支票一到手就溜的人，多數的中國留學生，包括上課率百分之百的本人，對掌握我們生死大權的海外留學生辦公室誠惶誠恐，努力遵守他們的規定。班上除了我和另外一人，個個同時都在打工，打數份工。

我租住在價格低廉的多勒豪斯一所只收女性的慈善性質的公寓裡。每週每人二十五澳幣，包括水電氣，公共地段有專人做清潔。我和南京來的一位女孩住一間。父親寫信告訴我，不要擔心生活費用。我是父親大宗血汗錢的第一個受惠人。他寫道：「一年內不考慮打工，妳學好英文。」

我不能一直花父親的血汗錢。我在週五和週六去餐館做鐘點工。洗碗，每晚六小時，三十五澳幣。後來，我又去了一家餅乾廠和熱水器元件廠打工。

我提著五臟六腑忙碌，每天都筋疲力竭。我以為睡下去一定有個好覺，可上床後我常常難以入眠。醫生查我的脈搏，每分鐘一百二十次。我告訴她，幾乎天天如此。她給我開了一個月病假，還有一盒鎮靜藥。

學校收下病假條子，同意我休學一期。

我喜不自勝：一個月病假條子，換一學期三個月的休學，不僅可以省一千四百五十元澳幣學費，保住簽證，而且，我不再被老師們並不科學的教學方法牽著鼻子走。

離開學校後，我沒用過整塊時間學英文，都是利用等車、坐車、等人、走路的零碎時間聽磁帶，都是隨機練英語。

到澳洲三年半，我不敢浪費每分每秒。一直覺得自己隨時隨地會倒下死去。我會每月寫一至兩封信寄給大陸的弟弟們。興國回信問我：「姐姐，妳怎麼啦？妳的信裡充滿了眼淚。」

移民戰爭

我於一九八九年一月從澳洲返回重慶。此行兩項任務：看望女兒，我擔心她；父親希望我和女兒一起申請去美國。父親尚未拿到定居許可，他請其義父謝文龍公公寫邀請信並出具了經濟擔保。

九歲的女兒見到我，一天到晚笑個不停。

我去為女兒申請護照，並要求把有澳洲往返簽證的護照寄押在公安局，同時申領一個新的，以新護照去成都拿美國簽證。重慶公安很客氣，都遂我願。

我帶著女兒去成都美國領事館碰運氣，但因為謝文龍公公最近已為他的一個養女赴美提供了擔保而遭到了拒簽。

我只好重返澳洲。在火車站，女兒送我走。她快哭死了。

在澳洲，我除了忙著掙錢和學英文兩件大事外，第三件同等大事，就是心懷世界。把世界地圖鋪在地上，身體匍匐下去，兩手撐在地毯上，眼睛周遊列國，在地圖上繪製許多線路圖，像航空公司用開花般的航線來宣傳它們各不相同的航班。但我的航班一律單程，起點都是重慶，目的地各異：重慶—澳洲、重慶—美國、重慶—墨西哥、重慶—塞班島，越到後來，路線越曲折，比如重慶—馬來西亞—墨爾本等。我想把四個弟弟裝進信封，貼張郵票，就飄洋過海出國了。我做夢都想讓弟弟們也來分享美麗的澳洲，或者美國，或者別的什麼離地獄比較遠的國家，嘗嘗做人應該是什麼滋味。

我必須掙錢，我壓根兒不認為這些錢屬於我個人，它屬於我們五姐弟。弟弟們把出國留學的機會讓給我：「姐姐歲數大，她先走，我們晚一點沒關係。」但殘酷的現實是，姐姐來澳不久，身後的大門對四個弟弟無情關閉，留學生年齡本無限制，後來改為三十五歲，連我最小的弟弟大同也快四十歲了。

澳大利亞不講階級鬥爭、不搞政治審查、不過問家庭出身，很公平。然而，她限制年齡，要求學歷，四個弟弟根本辦不到。中共剝奪了他們受教育的權利，實際上都只是小學畢業。隨著時間推移，年齡越來越大，他們越來越跨不進移民局申請的門檻了。

我不得不另闢蹊徑。

來澳五年裡，除了特殊需要，我完全不買中文報，它干擾我學習英語。偶爾走過報攤，忍不住瞧瞧折在面上的大標題，這就是我全部的新聞來源了。

為找一則尋人啟事，我第一次買了份中文報。沒想到在澳中國人對天安門民主運動有如此強烈的反響，我大吃一驚。我只在餐館廚房裡聽取過大家對這個新聞的議論。報紙拿在手上，翻了一頁又一頁。整版全是墨爾本、維多利亞省邊遠地區中國人的嚴厲譴責，尺寸很大，鮮紅的標題刺眼，一致憤怒聲討中共的殺人罪行。有的是個人獨登，有的是數人聯名，都是護照上的真名實姓。這些人想利用這個難得的機會發聲，並寄望拿到定居澳洲的政治庇護。我平時避談自己的想法，深怕別人看出我到了海外還在「反動」，只敢一個人悶著開心。

我打電話給在美國的父親，他已七十七歲了。提及天安門民主運動，他比我更激動。他天天看《世界日報》，天天大受鼓舞。他興奮地說道：「家貞啊，準備捲起鋪蓋卷回中國吧！我們快要熬出頭了。我到處打電話，問地址，給那些民運組織捐錢。他們寄來一些郵票般的小東西表示感謝，我好開心。天安門民主運動需要我們每個人的支持。我有一個捐一個，銀行裡的錢都捐出去了。」

「那你這個月給弟弟他們寄生活費怎麼辦？」

「沒關係，我已通知他們，下個月我寄雙份。」

「這樣吧，這個月我來。」

「不要，不要，我有辦法，馬上就會有的。家貞，妳千萬別寄！」

那天是一九八九年六月四日。

半夜，我從餐館回家。大家都關燈入睡了。摸黑中，剛來不久的租客小夏從房間裡傳出哭聲：「齊家貞，他們真的開槍殺人了！」

第二天上班，我打工的工廠銷售經理Collin來到我面前：「Helen，天安門殺人了。妳需要幫助嗎？我們願意盡力。」

我再次提及對他講述過的想辦兩個弟弟來澳洲的事情。與辦公室領導商量後，Collin下樓遞給我一封信，大意是：本廠將樂意僱用齊興國和齊大同先生。

四十九歲的我，開始關心時事，具體說是關心天安門事件了。每次走在路上，我眼睛都四處張望。只要商店的電視機正在最新消息插播，我就趕緊鑽進去，希圖補看中國人在天安門廣場空前的壯舉。我對自己開了禁，花二十澳幣買了個二手電視機看中國新聞。我天天打開電視，我天天失望地關掉。天安門屠殺之後，中國倒退，中國人又開始萬馬齊喑跪著做人了。

一九九一年一月十七日，沒要求面試，澳大利亞移民局來信，批准我以強烈人道理由定居。這是我五十歲的生日大禮。我對任何人保密。我認為只有自己信得過。

同年，澳洲政府宣布：四萬在澳的中國人獲得四年臨時居留權，家屬同時得四年臨居。於是，許多中國人家屬紛紛趕來澳洲家庭團聚。直到一九九五年，這批人才獲得永久居留的身分。我之所以對自己的定居保密，混在四萬人群裡定居，可掩蓋我其實是單獨申請的強烈人道定居。

我把恐懼傳染給了我的父親。父親讀了報上登的消息，他從美國寫信來，告訴我，他想去美國國會當證人，他知道四川省二監和新生勞動工廠都出口勞改產品。我一聽，嚇得半死，寫信嫌太慢，我馬上打電話。氣急敗壞地質問：「難道你認為我們一家人，特別是幾個弟弟還被你、被我整得不夠慘嗎？難道你想把他們的下一代再同樣地整一遍嗎？我們再不小心，他們就只有死路一條了！」

父親在電話那頭不吱聲了。此後，出國十四年，直到他逝世，父親一直保持沉默，不敢有所作為，恐懼始終盤踞在他心裡。

八個月後，女兒接獲了澳大利亞移民局的移民通知。

小學尚未畢業，十二歲的女兒，來到了澳洲。

隨著時間推移，弟弟們越來越不夠資格申請澳洲移民了。能走的路只有一條，即非法移民。

天安門屠殺發生後，許多在澳中國人都在死難者的血河裡游來游去，寄望撈到定居許可。我也認為拯救弟弟們出國的機會到了。

我為兩個弟弟繳納了前來澳洲學英語的費用，想讓弟弟們像我一樣出國讀書。我的室友承諾，她的親戚可幫助弟弟們協調出國簽證事宜，結果被其騙走了四千澳幣。

我伏在世界地圖上，找到了比標點符號還小的塞班島。

據說它屬於美國領土，毫無疑問，它就是美國本土了。塞班島訊息是怎樣鑽進我腦子的，把四個弟弟全部移民到塞班島的主意是怎樣產生的，我現已無從記憶。只記得輾轉數月，被玩移民遊戲的中國人騙了一筆錢後，移民塞班島的美夢方告破滅。

悉尼一家辦理前往美國、墨西哥、加拿大移民留學的公司，令我心動不已。這家公司自稱負責把人送到墨西哥學校讀英文。至於如何進入美國，需要自己想辦法。

我和父親為弟弟們的墨西哥至美國的偷運已做好了準備。結果，墨西哥學校是虛假的，又被騙去一筆錢。

我找過墨爾本一家移民公司。我急切地訴說想移民幾個弟弟去新西蘭，他們是真的好人，不具備移民條件。女老闆報了價，安慰我，你同時辦幾個人，可以享受優惠。最後，她閃爍其詞，如此這般給我亮了幾亮價值連城的點子——點子，就是騙術，就是騙局。

我找過一個姓劉的美國華人。他有能力成功地把中國人運去加拿大，再從加拿大運進美國。我為治平和大同兩人付了一萬三千美元定金——本應一萬四，治平有意還是無意少數了一千進去——該人隨即消失。

我找過多家移民公司辦弟弟去非洲，主要去南非，只要離「北」越遠就越好。我記不得後來是怎樣無疾而終的。

有家公司辦理去贊比亞。父親來電話求情：「家貞啊，都說非洲有黃熱病，要死人的。」隔著電話，我已看到父親濕潤的眼睛：「好，好，我放棄。」

我視移民代理如大帝，見一個磕一陣頭。寄出的錢的收據，令我心驚魄動。我搞的這些移民詭計，耗費了父親和我的許多錢，還令弟弟們焦頭爛額。

在我居澳二十年後，我終止了自己的這些非法舉動。我是移民局的漏網之魚。

我理該坐牢。

我跪拜蒼天，哭訴為什麼我要分擔父親的重任。

父親在信裡寫道：「我不能讓中共毀掉我的第三代。只有留在大陸的七個子女來美後，我才歷盡滄桑，過一下真正的人的生活，獲得真正的自由與民主。」

探望父親

拿到定居許可後，我去美國看望父親。確切地說，是去看望父親和龐阿姨。或許該稱龐阿姨為媽媽。父親使用為父之威：「我已正式娶她，你們理所當然叫她媽媽。」

父親好心，他總想感動龐媽媽，讓她學會做人，做一個好後媽。

兩年多前，收到父親來信說，龐媽媽不在他做工的旅館上班了，她去另外一個地方當傭人，一個月回來一次。

我立即寫信給父親，詢問一個長久糾纏於心的問題：「爹爹，請你誠實地告訴我，結婚後，你究竟幸福不幸福？」

透過父親的回信，我可以想像他嚇得要死的樣子。他馬上回信：「家貞呀，妳這樣冒險，萬一她臨時闖回來讀了妳的信，這個家庭如何相處？」「家貞啊，妳要記住，在妳的生命裡，妳永遠不會再有一個媽咪了！」他不敢保留我的信，撕毀燒掉了。

後來，還有一封，我寄給謝文龍公公，請他面交父親。謝公公或許眼睛不好，直接郵寄給了父親。那封信裡，我鼓勵父親「不應該在自由的美國被一個女人扼住咽喉」，父親也嚇得不得了。他想通過廁所處理掉它，但又覺得這封信寫得很好太可惜。他馬上聲稱旅館有急事處理，到鎮上郵局把信寄還給我。

父親的恐懼是有理由的。他懼怕睡在同一張床上的龐媽媽，她數次威脅父親「你怕我不敢嗎？」，意即父親不聽話她的指令，她將不惜搞政治報復——檢舉告密。這個綁在身上的不定時炸彈，使父親毛骨悚然，不得不屈從。

父親來信，除了直接或間接提醒我別忘記問候龐媽媽，她每封信必讀；父親還限制我不要寫反動話，別冒犯中共。父親要為孩子平安出國掃清障礙。

父親的回信，證實了我們五姐弟的擔心。我將去美國眼見為實，父親婚後過得究竟如何。同時商談籌劃幾個弟弟出國的事情，儘管父女多次受騙上當，仍不為所動，繼續作戰。

此外，自從龐媽媽去了美國，她不斷來信告狀，說父親「到處亂撒錢」，「要把存的上萬美元給人」。我們信以為真，老是寫信指責父親。我甚至威脅他：「你再亂撒錢，我就打道回重慶，何必苦守海外。」可是，父親的回信常常文不對題答非所問，他好像對我們的憤怒莫名其妙。我們認為是龐媽媽從中使壞，見了父親才知底細。

一九九一年四月，我落地美國洛杉磯機場，以澳洲永久居民的名義。

謝文龍公公的五女兒瑞貞和她的三兒子來接我，等在出口處。我看見一位瘦高挺拔、穿著講究的年輕男子舉著「歡迎家貞」的牌子。在他身旁，美麗高雅的瑞貞還在踮腳張望。我徑直走到他倆面前，一股暖流奔湧全身，眼淚終於忍不住奪眶而出。

當晚，我住在謝公公洛杉磯的大宅裡。第二天早上，我坐灰狗巴士去父親做工的Harvey's Tour Inn旅館，在聖地亞哥縣，離洛杉磯五十公里。父親會到車站接我。

出獄後至今，父親不提往事，他已被現實的忙碌占據。父親給我們的信裡從來都是「七個」子女——他自己的五個子女和龐阿姨的兩個子女。

我，急切想見爹爹了。

父親今天的頭髮梳理得一絲不亂，西裝領帶，皮鞋　亮。他一聲廣東話「嘎晶晶」（家貞貞）迎接他的獨生女兒。這是父親最開心的節日。

重慶一別，六年半過去，父親七十九歲了。他笑嘻嘻的，變化很小，胖了一點，我也已五十歲了。我動情地叫了一聲「爹爹」，馬上想哭。

我和父親的命運息息相關：一起蹲看守所兩年；一起在審訊室被宣判；一起在同一所監獄服刑；一起在一個電視大學辦公室當輔導老師；一起被宣布無罪；一個在美國等待定居，一個在澳洲獲得定居。

父親帶我走進旅館辦公室，他喊道：「媽媽，家貞來了！」

龐媽媽從房間深處出現。她用唱歌的好嗓子不無親熱地大叫一聲：「家—貞！」只慢了半拍，我自然地回應：「媽—媽！」

這個旅館比較新，兩層樓，共二十九套住房。辦公室樓上稍大的房間，父親和龐媽媽住。隔壁的小間空著，現在我住。二樓往外伸展的走廊，是樓下房間的遮雨篷。

重慶石阪坡看守所關押男反革命犯和女犯的東莊，也是這種樣式。

半夜，聽見樓下辦公室鈴聲響起，有客人投宿。隔壁開始響動，有人躡手躡腳下樓，聽出這是父親：交錢、找補、給鑰匙等，生意成交。上樓聲傳過來，鈴鐺又響起，又下樓。近一個小時，父親躡手躡腳上了樓。一片寂靜，他睡下了。

但我再也睡不著了。龐媽媽幾次來信提醒我們：「你們的爹爹老了。他沒用了。」我親眼所見，父親的健康遠遠超過他的同齡人。

這個家的早餐，父親和龐媽媽各吃各的。父親自己做麥片和黃油。龐媽媽不喜歡，她吃別的食物。中餐和晚餐，由龐媽媽做。三人圍桌端碗舉筷，是我們聊天的時間。

中飯有辣椒，父親喜笑顏開。他介紹龐媽媽「愛的階梯」：「媽媽第一愛的是錢；第二愛的是兒子；第三是辣椒；第四才是我。」

龐媽媽聽了，小眼睛笑成彎彎月。

接著，父親向我講起林希翎。我倆都很敬佩這位一九五七年大鳴大放的勇士——我看過批判她的電影，記得她慷慨激昂的演講姿勢。父親在法國巴黎時約請林希翎吃過飯，後來通了幾封信，這些事父親來信講述過。

父親說：「最近《世界日報》報導林希翎在洛杉磯出了車禍。我趕緊電話到報社，打聽到她住的醫院，寄去了兩百美金。」

父親得意忘形，說漏了嘴。

此時，龐媽媽突然以筷子敲了一下碗，怒吼：「人家林希翎有丈夫！」

父親明白她的話裡有話，氣得滿口包的飯從嘴裡噴出來。

父親生氣了。他對龐媽媽說：「妳怎麼能這樣亂講話！」

龐媽媽回道：「不是嗎？那為什麼你偷偷給錢，不敢告訴我？」

一個中午，父親拿進來郵差剛送到的幾封信，像在分錢，分給龐媽媽一封，分給自己一封。英文的，他留著等下讀。

信是三弟治平來的，父親看完後馬上遞給龐；龐媽媽讀完她的信，順手塞進褲子口袋裡，接著再讀父親遞給她的。

父親突然想起什麼，他問：「那天妳去醫院，繳了妳藍十字會的健康保險嗎？」

「沒有，我不曉得在哪裡。」

父親聲音稍微提高，藏有慍怒：「咦，我不是告訴過妳了嘛，就在醫院進口的右手邊，很容易找的。」

「我還是找不到！」龐的聲音響了起來，藏有慍怒。

父親不吭聲了。

一天，龐媽媽去移民局上英文課，往返得四小時。父親頂替她，做換床單、洗廁所、清潔地毯之類的事情。我開始做賊。我著手檢查辦公室裡的每一個抽屜。

我找到了龐媽媽順手塞進口袋裡的那封信。是她兒子冉嶠所寫：「媽媽，妳光是說正在辦理我出國，到現在我還沒走成。我天天盼望，高中都畢業兩年了。」

龐媽媽到美國不久，阿根廷移民神話穿幫：龐繼承阿根廷遺產之事是謊言。父親空歡喜一場，只能是「打落牙，和舌吞」。於是，他與龐達成雙邊讓路協議。他通告中國和澳洲的我們：「齊、龐兩家一共七個孩子，家貞已在澳，還剩六個，經濟條件和現實狀況都不允許六個人同時申請來美。鑑於齊家孩子吃苦幾十年，受教育程度低，年齡全部超大。媽媽同意讓齊家的四個孩子先申請，年紀輕、學歷高的冉家姐弟暫時不動。」

父親信裡寫道：「我與媽媽商量，齊家的四個先申請來美。然後才是她的兒女，媽媽完全同意。」

這個讓路協議，使受騙上當的父親覺得找回了一點平衡：兒女當不成美國鄰居阿根廷的公民，退而求其次，為他們撈回優先申請來美定居的權利，避免與龐的兒女兩相撞車都走不成。

現在，冉嶠的信拿在我手上。

事實上，龐媽媽一拿到定居，就背著父親寫好邀請信，寄去自己的銀行存款證明——遠超經濟擔保的需要。她的兒女已拿到護照，並到成都美國領事館申請簽證。對於龐媽媽而言，「完全同意」與「完全不同意」是一樣的意思。

遺憾的是，她的兒女沒龐媽媽的運氣，簽證被拒。其故事令人難以置信：齊、龐兩家六個兒女都住在重慶市中區，多年互不往來，也從未在路上相遇過。但卻在成都美領館碰面。大家同天、同時、同地點，排在同一個隊伍裡申請簽證。他們正想躲開，被大同發現。結果，龐的兒女和我的四個弟弟魚死網破，無一得到簽證。

此次來美，我的另外一個使命，即告訴父親有人違規了。父親聽完故事，看著我手上冉嶠的信：「這不可能！我每天與她在一起，她的言行舉止我完全清楚。」

「她上學呢，你也上學嗎？」

「我跑步陪她去公共汽車站。她上車，我繼續跑。」

「如果哪天她坐車不上學，中途轉車去了另外的地方呢？」

「她不懂英文，什麼事也辦不成。」

「如果找人幫忙？比如，找律師，拿錢！」

「這都不可能！」父親斬釘截鐵。

在我回到澳洲半個月後，父親來信稱：「我告訴媽媽，六個孩子在成都美國領事館大碰頭了。她承認背著我幹的事情，我氣得三天不理她。」

父親一個人看店，安排我與龐媽媽出遊。我知道父親的良苦用心。他希望藉此聯絡我與龐的感情，建造一個起碼看上去幸福的家庭。

脫離了父親的視線，龐媽媽向我不斷控訴父親的「罪行」：父親是個傻瓜，中國的親戚寫信來要錢，他來者不拒；捐款給民運組織，送給他個小禮物，他就樂死了；上街看到乞丐，硬塞錢給他們；旅館在假日時住客用房時間短暫，可賺到好多外快，他從不參與分錢。

龐媽媽說，她已存了十萬美金。她說，賺到的這些錢，要平分給七個兒女（她家兩個、齊家五個）。

三年半時間，這個月工資只有六百美金的旅館清潔工，存了十萬美金。

父親打工的這個旅館，本不屬臺灣女老闆葉，而是已離婚的丈夫所有。其夫經營得瀕臨破產。幾經折騰，女老闆葉取得了旅館的所有權，交給她女兒經管。但其女也經營不善。於是，父親受命當經理，擁有旅館百分之十九點五的股份。

葉老闆每月給兩千美金工資，父親是經理一千四百美金，龐媽媽做清潔工六百美金。但龐媽媽要與父親平分：「你一個人哪裡用得完，還不是亂給別個了。我全部存起，為了七個娃兒。」

父親告訴我，來此三、四年，他把破敗的生意做了上去。每個月除了還貸款、付給父親和龐媽媽的兩千美金工資，還有不少結餘繳上去。葉老闆幾年沒給加過一次工資了。父親說：「我們就自己加，在上繳的利潤裡扣除，比照其他旅館的標準拿，憑良心做事就是了。」

我問過父親，龐媽媽偷不偷旅館的錢。父親回答得很外交辭令：「我不想說這件事。」

父親不無擔憂地說，最近的生意開始走下坡路了。

他對我除了講旅館，沒提到過任何別的事情。

合夥買旅館

我探父回墨爾本兩個月後，即一九九一年六月下旬，由於政府拆除了離旅館不遠的海軍基地，相關的機構遷走，商業受到嚴重打擊，旅館業面臨不景氣。葉老闆決定儘快賣掉這家旅館。

此時，父親突然生病，高燒，尿血，腎炎，倒床，吃喝拉撒不能自理，病勢垂危。

葉老闆聞訊，立即叫父親和龐媽媽即刻交待生意走人。父親前後在旅館工作了六年。葉老闆從未給父親交過稅、買過勞保和醫療福利。現在，她怕父親死在旅館。

通過電話，第一次聽到父親非同尋常沙啞虛弱的聲音，我心急如焚。

第二天，我拿到赴美簽證。我打電話給父親：「爹爹，我馬上去看你，照顧你！」

爹爹不斷喘氣：「家貞，妳不要輕舉妄動，一定不要來！」他想省錢，病重了才求醫。現在，他想省我的機票：「家貞，妳的任務是照顧女兒，照顧妳自己！」

我教龐媽媽打電話找救護車，送父親去醫院。再去電話，父親去了醫院。再後來，從醫院回家，打了針吃了藥正在睡覺。

謝公公和婆婆希望父親住進他們家裡，以便照顧，但拒絕收留龐媽媽。父親選擇住到別處，謝婆婆找人煮湯給父親送過去。

好脾氣的父親，這次被葉老闆的無情激怒。病好之後，他拿出那張法律紙找了個律師，打算向葉老闆索要他的旅館百分之十九點五的股金。律師看後告知，這份合約的有效期一年，一年之內必須續簽，現已作廢。

半年後，父親痊癒，好幾個旅館要他去做經理。但這些旅館只要齊尊周，拒絕龐——父親於心不安。

龐媽媽一直要父親離開：「你怎麼能甩掉你心愛的妻子，一個人賺錢！我們有錢，十萬塊在我手上，為什麼不自己買旅館？」

一九九二年年中，父親辭工，決定自己買旅館。離洛杉磯四十多公里的Long Beach鎮，有個叫Coronado Motel的旅館，十六套房間，他們看中了。四十八萬美金，付定金十萬美金，其餘的向銀行貸款。

去了銀行，遞上各種資料證明，填好表，申請三十八萬美金貸款。父親讓龐媽媽繳納他們的十萬美金定金，以期銀行批准。

龐媽媽說：「我出五萬，你出五萬，我們平分！」

聰明人知道什麼時候應該閉嘴——父親閉嘴，他當了一回聰明人，他什麼都明白了，夢醒了。

爹爹來信稱：「家貞，我要買旅館。手上只有一萬多，向妳借，多多益善，我會連本帶利歸還。」

「我只有兩萬多澳幣，換了一萬五千多美金，不要你還，爹爹，我欠你！」

幸好，我取消了要買的房子。父親東拼西湊，還差一萬五千美金。龐媽媽同意借給他，但要父親寫字據，保證一萬五千美金分文不少，如期歸還。

旅館買到手。龐媽媽要父親即刻與她一起見律師，寫清楚：她的一半，齊尊周不能碰。她死了，屬於她親生的兒女；齊尊周的一半，她不碰。他死了，屬於他親生的五個兒女。

龐媽媽精心算計，步步為營，或許令父親大夢初醒——他通知重慶的興國，寄回去的生活費，把龐媽媽親生的兒女除名，沒解釋原因。但三天後，父親再去信指示興國，生活費如常交給龐的兒女。

買到旅館後，在龐的催促下，兩人立下遺囑。龐媽媽的，我不知曉；父親立的，六年後我方讀到：齊尊周死了，他的一半旅館，除了自己的五個兒女，加上龐媽媽和她的兩個兒女，由八個人平分。

父親八十歲生日。他信心十足向我們保證：「別擔心，三十年內死不了。」

大弟與四弟的戰爭

我計劃申請興國和大同來澳。

等把他們安頓好以後，再辦另外兩個弟弟出來。但有一個棘手的問題：弟弟們的年齡越來越大，學歷原地不動。正式移民澳洲已不可能。

此時，興國已是工廠大修組質量總監。大同是三級川菜廚師。

我給澳大利亞駐北京大使館大使寫了一封信。信中稱，因為父親和我不能回國（政治庇護），居住美國的父親將到澳洲過他八十一歲生日。他想在墨爾本見到已分離八年的兒子。這種歲數的老人，很難說還有幾個生日與子女一起過，希望澳洲政府開恩。

我沒膽敢做興國和大同都來的美夢。之所以同時申請他倆，那是為了加大保險係數，澳洲政府給一個簽證，就很棒了。但沒想到，他倆都拿到了簽證。

父親大喜。馬上寄錢給他倆來澳的路費。

女兒也大喜，有親人來，家裡就熱鬧了。

一九九二年九月下旬，我駕車把兩個弟弟從機場接回北墨爾本的家。

我們都在笑，腮幫都笑酸了。

白天，我上班，欣兒上學。

興國坐在樓梯口發瘋地讀英文，從頭到尾一遍遍重複，發音棒極，地道的美音。但不知道自己讀的是什麼意思。

大同好像心神不寧，老是一個人往外跑，說是散散步，也許他想抽菸。不久，他說他的一個朋友生日，他想寄點禮物，我給了他五十澳幣。

我希望興國和大同在澳洲留下來，走一步看一步。

朋友幫大同找了份越南餐館工。任務是切肉，包吃住，週工資一百澳幣。他的工作量大，手累得腫脹。六週，掙了六百塊錢。我讓大同辭了工作。我相信，再這樣做下去，他的雙手必殘無疑。

我幫興國找了份餐館工。包吃包住，每週二百四十澳幣。餐館的休息環境糟糕透了。他幹了三天，我就給他辭了。

大同又找了一份廚師工，掌瓢炒菜，包吃包住，週工資二百二十澳幣。

興國又找了一家中國餐館做工。

移民局拒絕了興國和大同的難民申請，理由是拿著護照從中國海關出來的，說明他們不會受迫害。上訴也無濟於事。

興國和大同，特別是興國，大感失望。

我們也去了美國駐墨爾本領事館，想試試他們去美探親，當然是枉費心機。

無可奈何，我建議興國和大同就這樣黑下來等待。況且，在等待期間可以偷偷掙錢。

興國在餐館做了幾個月，回來了。他說，餐館吃不飽，餓得忍不住去廁所喝龍頭自來水。他想回重慶。他說，他要回去辦退休，三十多年工齡不願放棄。

興國是乙肝攜帶者。他的肝臟功能，幾十年來不正常。來澳半年多，他的臉和手背越來越黑。我知道，強迫他再這樣苦撐下去，無醫療保險，可能就在澳洲嗚呼哀哉了。他回去才有活路。

大同打電話給我說，老闆每天給他吃泡飯鹹菜麵包，吃不飽。他哭著說：「我夢見華華（他的大兒子），他像個索馬里飢民，瘦成一張皮。我要回去！」

父親和我拚了命要弄四個弟弟出來。

如今，兩個弟弟走合法途徑順利出來了。但是，興國和大同卻堅持要重返中國，這的確是我和父親萬萬料想不到的。

父親一年年老去。我一年年不再年輕。我們還在屢敗屢戰。

興國和大同已出了國，卻要再回去。我很失望，但沒資格責怪他們的選擇。

我能做的，即設法讓兩個兄弟回國之前與父親見上一面。

父親坦然面對他倆回國的決定：「澳洲留不下來，我正申請他們移民。美國不會拒絕我的兒子們。」

我申請父親來澳與兒女相聚，慶祝他八十一歲生日。一九九三年九月，我們三代四人去機場迎接父親。女兒給爺爺獻了花。

父親進入我墨爾本的家。

他迫不及待地從內衣袋裡抽出一個牛皮紙信封，裡面全是美金。

父親發錢，兒、女、孫女，人人有份。

這次與父親相聚，他竭力描繪他有一個幸福的家，要我們相信他真的很快樂。我們迴避使父親不開心的話題。全部都好，好好好——像中國勞改隊接見。

我租了一部攝像機，一面錄像一面說事。

父親與他十三歲的孫女的臉都笑爛了。

我們希望父親回中國看看，因為時局越來越好了。

父親做夢都想回重慶。但他做夢都在恐懼：他還在等待綠卡。之後，還要數年等待入籍。他還是持中國護照，他怕回去是自投羅網。

他說：「我是一定要回去的，假如有了很大的變化，我馬上可以走。」

帶父親去市中心遊玩。他從車裡出來，突然全身篩糠發抖，臉色　那間蒼白。他鎮定一下，笑了。他說，沒事。

父親身體並非很好，他是在硬撐。

我們沒把父親瞬間的不適放在心上。

我們吃蓮蓉雙黃月餅，提前過中秋節。

父親自稱在墨爾本當了「三天皇帝」。

九月二十四日上午，我們送父親去墨爾本國際機場。

女兒一直牽著爺爺的手。她用臉蛋摩挲爺爺的肩頭，在候機室沙發上與爺爺排排坐，聽爺爺為她朗讀一本小書：《Yes, You Can（是的，你能）》——那個四歲就死了媽媽，十七歲才開始學習說話和認字，成為家喻戶曉美國之音的廣播員和撰稿人的故事：「Yes, you can do whatever you wanted（是的，你可以做你想做的任何事情）」，「All the things are possible（任何的事情都是可能的）」，「Produced miracle（創造了奇蹟）」。

我催促大家趕快與父親告別，不要讀書讀得忘記時間了。

讀興正濃的父親站起身來，兩手各提一只剛從興國、大同手裡接過去的塑膠袋——他的行李箱。

興國站著一言不發，不時轉首抹眼淚。

目送父親進入機場，看著自動門慢慢地關閉了。父親一再回望，他似乎哭了。

興國在澳洲待了不足一年，於一九九三年八月返回重慶。他在工廠請假一年，要回去辦退休。

後來，在二零零零年六月初，我把興國「搬運」到了美國，在勞改基金會做事。他文化不多，在那兒看門打雜。

興國的女兒，在重慶生活。她不願意出國。

大同在一九九三年十二月中旬，與我和女兒一起返回重慶。他安心生活在重慶，不再想出國。

大同的兒子齊見自，在中國是高級電工。在二零零六年，我將他「搬運」到悉尼讀書，學電工專業。他的定居，是讀書之後需要努力的事。

治平對我說過，興國和大同從澳洲返回重慶，太令人遺憾了。如果他去了，就絕不會離開。他說：「我會想，自己像爸爸、姐姐坐監獄，再困難也不走。」

我聽了，非常後悔當初沒先徵求他們的意見。我認為，興國有機修技術，大同是川菜三級廚師，出來好找工作。

其實，必須要有堅定不移的強烈意願，出來死也不回去了，才是最重要的。

二弟的戰爭

出國，輪到了四十七歲的二弟安邦。

在我們五姐弟中，安邦吃的苦最多。

他十二歲小學畢業。老師看他長得帥氣，建議他考戲曲學校，但由於家庭出身問題，只能讀無前途的七星崗民辦中學。他的理想過早夭折。他在十五歲棄學。之後，與母親一起挑著擔子，穿街走巷收破爛物品。

每週，他和母親用賺來的錢，買高價食品送給羈押在看守所的父親和姐姐。

安邦受父親和姐姐牽連，連掃大街的清潔公司都不要他。

他無出路，在街道運輸隊染上了賭博惡習。勞改三年回來，還是賭博。他的老婆和女兒惶惶不可終日。

無論如何，他是齊家的功臣，他配合母親救了父親和姐姐兩條命。

一九九三年末，安邦找做生意的朋友幫忙，派他去美國做商業考察。他手上有父親早已寄去的經濟擔保。這次他拿到了去美簽證。他決心遠離賭場，到美國掙些錢還賭債，並改變自己和家庭的處境。

到美國出海關時，他碰到一點難題，幫助填入境卡的一位中國人告訴他，需要提供在美國的住址。除了護照和父親寄來的一些錢，所有東西他都託運了，包括父親的來信，地址在信封上，託運的東西要出了海關才能領取。他以為海關不讓他通過，為此焦急萬分。

還好，他終於從某個口袋裡搜出來一張紙條，上面記有父親旅館的電話。那位好心的中國人投硬幣，撥好號碼把電話遞給安邦。龐媽媽接的電話，她給安邦的是另外一個區的假地址。安邦以為沒地址不讓出海關，龐媽媽以為地址不對也不讓出海關。兩個人都錯了。父親正在機場外等他。

安邦用旅館的經濟擔保先出來，龐媽媽認為她的兒子冉嶠的出國機會被剝奪了。她不高興。安邦每天看龐媽媽的臉色。他在旅館裡無償做事。

父親每次接打家人的電話，龐媽媽都拿起子電話照聽不誤。她聽到我讓父親轉告安邦的話：「學英文」，「申請居留，長久待在美國」。

這似乎破壞了龐媽媽給她親生兒子冉嶠讓路的計劃。

父親掛了電話，像往常一樣轉身與龐商量：「家貞說，……」話音剛出，龐媽媽怒不可遏：「齊家貞一貫正確，是你的領導，你的天王老子啊？」

安邦知道父親為他先去了美國不斷向龐說好話討歡心。為了不難堪父親，他忍氣吞聲，沉默不語。此時，他忍不住了。他指責龐媽媽欺侮父親和姐姐。

龐聲稱要「報告移民局」來驅逐他出境。父親隔在中間，處境尷尬。父親要安邦讓步。龐媽媽讓安邦滾出她的旅館。權衡再三，父親讓步：旅館有一半是龐媽媽的，她有權力要安邦走。

他只能叫自己的兒子走，這是父親唯一打得出的牌。

安邦哭了。父親每晚花三十元錢讓他住在鄰居旅館裡。

龐不讓步，父親與她協商不出辦法，又不能長期花大錢住別人的旅館。最後，父親讓他住到洛杉磯小沈的家裡。他每月悄悄為安邦付三百元房租。小沈是中國留學生，以前在父親旅館打工。

安邦在洛杉磯洗碗。他每隔兩週回旅館看望父親，當天來去。一天晚上，安邦離開父親旅館，到巴士站等車。一個人坐在長椅上，淒風苦雨吹打。他倍感淒涼和無望。抱頭痛哭。

後來，他敲開了父親旅館裡一個旅客的房間。那個旅客在此常住，認識安邦。安邦把雙手合在一起放在耳邊，做了個睡覺的姿勢，再指指地下。那人點點頭，遞過來一床毯子給安邦。安邦裹住毯子，睡在地上。清晨醒來，衣服還沒乾，安邦離開旅館，趁父親還沒起床。

幾週後，小沈帶安邦進了賭場。

安邦抵美數月後，一九九四年夏，龐媽媽的親生兒子冉嶠，以商務考察為名到達美國，住在旅館。龐媽媽找人幫他入讀離旅館不遠的加利福尼亞大學分校，並買了一輛吉普車代步。

冉嶠吃住在旅館，順便做點雜事，每週有工資。很快，龐媽媽把她來美後所有的存款，全部轉到了她的親子戶頭，自己成了不名一文的窮光蛋，領救濟金。

此時，我返回重慶處理事情。接到安邦的越洋來信，興國帶進城給大家看。安邦在長信裡告知，龐媽媽對父親越來越惡劣。

自從冉嶠到了美國，龐媽媽眼裡只有兒子，好菜好肉拼命往冉嶠碗裡夾。她把青菜嫩葉子全部選給冉嶠，老葉子留給爹爹。爹爹牙齒不好，一面吃一面把菜筋理出來。八十歲的父親不吭聲。

Long Beach發水災，旅館災情嚴重。十六個房間全部被淹。安邦協助清理。龐媽媽腰都不彎一下。冉嶠在讀書。父親為此生氣，責備他們袖手旁觀。

父親和安邦出外就餐。父親眼睛發紅，很傷心。

爹爹說：「龐媽媽……我內心早知道她壞，知道她是個啥子人，本來我想，這輩子將就慢慢過去算了，等你們出來了再說。現在，冉嶠來了，她有兒子依賴，不需要我了，她叫我滾，叫我把我的一半旅館賣給她。我說：『好啊，你給我多少錢，我滾。』她說：『我手上沒得錢，每個月付你兩千塊，兩年付清五萬頭金。』我說：『那好，我請你走，把你的一半旅館賣給我，我每個月付你兩千塊，兩年付清。』她又堅決不幹了，真是豈有此理。」

安邦在信裡說，聽說龐叫父親滾，他邊吃飯邊鼓勵父親與龐媽媽分手。他可以同父親一起做旅館。

我們希望父親與龐了斷。

安邦常往賭場碰運氣。

一年半下來，他輸完了所有在餐館掙的血汗錢。

後來，他終於贏了一萬美金。抱著這次賭贏的錢和殘破的戒賭夢，他離開美國返回了重慶。

八年後，我回重慶，見到安邦。他還嗜賭，但不再提出國之事了。

二零一四年末，我同他在臺灣相見。他因為胃癌開刀做手術，根本上已死心，不再有出國的想法了。

二零一七年二月二日，安邦逝世。他在死前寫短訊給我，他說，今生最對不起姐姐，姐姐是他的「第二個母親」。我回信說：「你最對不起的人不是我，而是你的妻子和女兒，她們首當其衝。」

安邦的女兒，喜歡生活在中國，不願意到海外定居。

三弟的戰爭

齊家五個孩子中，最聰明的是治平。

父親的理想是，我當科學家、興國做工程師、安邦搞金融、治平從政、大同從軍。

治平的不幸，從一出生就開始了。

他於一九四八年十月在南京出生。在四個月大時，就隨全家遷往重慶。他從小愛整潔，頭髮梳理得一絲不亂，衣服穿得乾乾淨淨。他是齊家的小紳士。他不與野孩子為伍，他情願和對門八十歲的鄰居張婆婆玩耍。

他進了和平路小學，在我家斜對門。他自理能力很強，無須母親操心，不睡懶覺，從不遲到。他品學兼優，九歲入隊，是班級、少先隊的幹部，年年評優秀，得到每位老師的誇獎和喜愛。

治平小學畢業，成績出眾，品學兼優。

班主任老師專門寫文，建議錄取這個值得國家培養的孩子，提交給中學考試委員會。治平成為四個弟弟中最幸運的，他考上了公立中學——我的初中母校廿一中。

在開學典禮上，共產黨員方教導主任的一席話，讓十二歲的治平再也抬不起頭了。教導主任說：「大家千萬要提高革命警惕，有個新學生就坐在你們當中。他的爸爸是反革命，正在勞改，他的姐姐也是反革命，也在勞改。他姐姐還是從我們中學畢業出去的，說明階級鬥爭是多麼尖銳。」

一個美好的世界，瞬間在治平面前崩潰。多年後，他對我說：「從那天起，我讀書的興趣喪失殆盡，終生不再有夢。」

初中畢業後，治平不被允許考高中。

他去江油、瀘州挖過幾年石油，後來碰運氣得了個免政治審查的工作，做泥水匠，修理旅館房間。

直到去世，三十幾年過去，這個單位一直是治平的衣食父母。

只要有空，治平分秒必爭，光臨他心儀之地——麻將場。

他天天去那裡報到，星期天也不缺席。治平偶爾小賭一把過癮。不過，他嚴格遵守兩條規定：按時回家和輸錢底線。贏了，不管贏多少，時間一到就走路；輸了，只要輸到規定的數目，他急流勇退，絕不戀戰。

他的女兒讀大學時，要繳納學費，治平馬上戒了賭。戒賭後，他照常去賭場，按時來按時走，坐在旁邊看，幫人出主意。他跟安邦不同，安邦是徹底的賭徒。

治平愛去賭場的原因：他是在殺死煩擾他一輩子的時間。

中共摧毀了我的家：治平夢斷童年（十二歲）；興國夢斷少年（十七歲）；我夢斷青年（二十歲）；父親齊尊周夢斷壯年（三十七歲）。

治平的女兒齊見中，在中國讀大學二年級。二零零六年六月二日，我把她「搬運」到墨爾本讀大專。齊見中說：「我死也不再回中國去了。」

治平對於女兒能夠出國，非常欣慰。女兒逃離虎穴是他最大的願望。五個月後，治平肝癌逝世，享年五十八歲。

後來，齊見中以「親屬技術移民」的理由申請定居成功。她已結婚，現在有三個孩子。治平的老婆也順利移民澳洲。

父女的戰爭

父親老了，龐媽媽對他不好。

他需要自己的兒女在身邊照料。

在一九九一年，我赴美探親。我和父親一起寫信給時任總統老布希（George Herbert Walker Bush）、議員南希・佩洛西（Nancy Patricia D'Alesandro Pelosi）等政要，還有人權團體，請求他們援手幫弟弟們拿到簽證，但無濟於事。

我再次從澳洲飛到美國，探望八十二歲的父親。

父親依舊每天晨跑、洗冷水澡，回來自己煮早餐。

這一次，旅館裡有了年輕的冉嶠老闆，父親親自帶我到處去參觀玩耍。

與過去一樣，父親每天早晨根據旅館的客流量，通知地區福利部今天可以送多少個人（無家可歸者）來，二十元一夜，由政府付錢。這個電話事關重要，對旅館收入很有補益。

那天早上，父親沒按常規在他自己住的房間裡打，而是在龐和她兒子睡的外間打，因為我睡在裡面，爹爹怕驚醒我。

龐媽媽忍不住吼道：「哼，看不出你齊尊周這麼自私，怕弄醒你的齊家貞，就不怕弄醒我們！」

整個上午，龐媽媽都虎著臉，父親叫她，她愛理不理。我也在生悶氣：不出我之所料，別看父親裝出一副快樂的樣子，一不小心，他的日子就不好過了。

我很快要返回澳洲，不能把父親打包一起帶走。我擔心前腳走，龐媽媽和她的兒子馬上會給父親臉色看。

為了讓父親好過，在吃午飯時，我主動與龐媽媽與冉嶠溝通：「你們對爹爹有意見，完全可以有話就說，當面提醒。」他們埋頭吃飯，不說話。

最後，我特別強調：「齊家的人，都是一樣的，苦吃得，虧吃得，氣就是受不得！」我盯住冉嶠說事，其實也是講給龐媽媽聽。

爹爹插嘴了。他平靜緩慢地說：「我只想說，飲水不忘掘井人。飲水不忘掘井人啊！」

冉嶠悶頭吃飯，龐媽媽一言不發。

返回澳洲前，我的嘴像蜂糖一樣甜。為了父親，我與龐媽媽談心。她說：「妳看嘛，妳爸爸得病，我們離開葉老闆過後，沒得旅館要妳老漢。他太老了，沒得用了，他們只要我。為了爹爹，我們只好買這個旅館自己做。」

我一遍又一遍笑著，雞啄米似地點頭：「嘿，嘿，妳講得真有道理。」

不久，王強報到。龐媽媽的隊伍增加一名生力軍。

王是龐媽媽女兒冉屹的丈夫，龐的女婿。

龐策劃女婿王率先到了美國——隨重慶一個化工企業集團訪問團飛到芝加哥，之後來到旅館。

龐還在等她的女兒帶著外孫移民來美定居。龐全家移民美國的夢想很快就實現了。

上帝恩賜的愛情

一個男人的出現，補償了我一生所受的創痛。

在我和弟弟大同以及女兒回重慶時，我幫助朋友把一個十歲的女娃帶回廣州。我所稱的這個男人，是這個女娃媽媽的同學，他負責將這個女娃送到墨爾本機場交給我。於是，我認識了這個男人。他名叫伊恩（Ian），一個土生土長的澳洲人。

我返回墨爾本。伊恩邀我喝咖啡。

一個可愛的單身男人獻殷勤，我這個缺愛的單身女人為何要拒絕呢？

伊恩比我小五歲。此時，他經營了二十年的婚姻，在經營農場破產後而走到了盡頭。妻子在四年前與他離婚，兩個女兒也棄他而去。他發誓餘生獨身。

我把自己坐牢十年、婚姻失敗和家庭蒙難等事和盤托出告知他。

他把失敗婚姻帶來的痛苦無所保留地告知我。

在交往中，無論上車和下車，伊恩都為我開門和關門。我戀愛了。兩個月後，伊恩向我求婚，希望「共度餘生」。

不得不承認，在我五十四歲的生命裡，伊恩是對我最好的男人。

女兒在中國讀四川外語學院附中，已有一年半時間了。

她想回澳洲了。她持的是澳洲護照，來去自由。

我和伊恩的愛，需要女兒的祝福。

十五歲的女兒，開始注意儀表了。她喜歡伊恩，希望母親嫁給他。

伊恩聽了女兒的「判決」，驚喜萬分。

我和伊恩相識十一個月，決定在一九九五年十二月二十三日舉行婚禮。

上帝有公平之心，祂安排伊恩等待，等待我出現。

上帝派遣我，消融了伊恩心裡的堅冰，他放棄獨身的決定。

上帝派遣伊恩，讓我體驗什麼是真正的愛情，使我所有的苦難都獲得了補償。

我對天長跪，供奉我滿心的感激。

我打電話告訴父親，我要結婚了。

「伊恩，你給我父親講幾句話吧。」我把電話遞過去。

「嗨，你好嗎，George？怎麼樣，你女兒為你找了個澳洲女婿？」

估計父親不習慣聽澳洲英文，伊恩講得又太快，他一個勁兒在那頭哈哈笑。

我告訴父親：「爹爹，我和伊恩要結婚了，十二月二十三日。」

女兒坐牢，後來婚姻失敗，都使父親心痛如絞。他聽到這個好消息，大喜過望：「好，我來，我馬上去訂機票！」

八十三歲的父親，一生第一次奢侈。為了參加我和伊恩的婚禮，他花兩百美金買了一套合身的灰色條紋西裝。

十二月二十三日，墨爾本結婚註冊處。

我的父親、伊恩的父母親出席。表妹景美、有海夫婦和他們的兩個女兒光臨。

伊恩對父親說：「George，看，你的女兒多美。」

又是第一次，西人女婿當面表揚我美，父親不好意思了。他笑著說：「內在美，內在美。」

伊恩說：「內在美，外在也美！」

白金做的戒指，銀輝耀目。伊恩給我戴戒指時，他流淚了，霧氣潮濕了他的眼鏡。

我，大笑。

父親笑個不停。

女兒與她的爺爺形影不離，說說笑笑。

父親二十二日到墨爾本，二十五日聖誕節下午返回。他放不下美國的旅館，他擔心龐媽媽和旅館的安全。

想到父親要走了，一家三口都捨不得。大家去商場買禮物。澳洲的羊毛好，買件羊毛開衫吧。父親說：「不要不要，她（龐媽媽）會拿去的，她可以穿我的衣服。」

哎！那好，買一條漂亮的領帶吧。她總不至於也打領帶吧？

父親說：「那也不行，兒子不拿，她也會拿給她兒子。」

這下可把我們難住了，怎麼辦呢？想起父親來澳洲，提的是幾個超市裝商品的塑膠袋。提塑膠袋國際旅行，實在有礙觀瞻。我對父親說：「那就給你買個旅行箱吧。」

父親說：「不要，不要，只要是新的好一點的東西，都會給她拿走。」

至此，我們無所適從了。

父親送了上千美金給我們結婚。

走之前，他把口袋裡的五元、十元、二十元零錢都掏給了我。我說：「不行，你在路上要用的！」

父親說：「我什麼都不買。從洛杉磯回長島旅館的巴士錢，我已留好，不要擔心。」

伊恩很過意不去。他從衣櫃裡拿出一個仿皮提包，看上去不錯。我說：「那你就用這個吧，總比塑膠袋像樣。」

父親還是說：「塑膠袋最好。沒人瞧得起，沒人要。」

父親在美國十多年，生活在如此糟糕的環境裡，我心疼他：「爹爹，別回去了，就留在澳洲跟我們一起過吧？」

其實，假如父親是單身，我們馬上就可以名正言順申請父親移民澳洲。現在，我們愛莫能助。

父親的「搬運」任務尚未完成，他不可能立即來澳洲同我們團聚。但看得出，父親很樂意留在澳洲：「好的，過兩年再說，過兩年我再來。」

景美、有海一家，都到機場送行。父親離別前，對大家反覆說：「過兩年我再來。」

父親臨登機前對伊恩說：「家貞的脾氣不好，你要原諒她。她的心地是很善良的。」

伊恩笑道：「我會，我會。我知道她。」

父親的戰爭

我從一九九四年四月初開始，辭去工作，天南海北全世界亂轉，想靠一萬美金的鉅款投資做生意，賺錢養自己。

澳洲對我太好，我不想領失業金。

六月，父親、興國、治平和我四人，在泰國曼谷，探訪堂兄齊必光。

齊必光是我們同輩，興國去海南島老家祭祖時相認的。他在十歲時從海南島赤腳逃到泰國，最初幫人家挑水，後來在一家珠寶店當學徒。長大後，被老闆看上，當了上門女婿。現在，他在泰國開幾家旅館，是泰國富豪。他對父親很敬重。

治平去，是與父親見面。同時，也想看能否在必光處打工。不久，興國和治平返回重慶，主因是語言不通，難以安排工作。

在泰國期間，父親去寺廟燒香，抽得一籤。他仔細端詳了半天，默然無語。我湊上看，籤上書寫著二十字：「空山難取寶，虛枉費心機；床頭黃金盡，壯士又愁眉。」

一九九七年四月，我收到父親來信。

他說，他突然拉黑便，人昏倒在廁所裡。救護車送醫院急救，查出來是胃癌。與二十五年前逝世的母親一模一樣，她也是胃癌。

父親叫我們別緊張，他住了醫院，做了手術，已回家。父親極其樂觀。美國醫生告訴他，他的百分之九十九的癌細胞已清除了。

父親一再來信，叫我別浪費錢財和時間去美國看他，同伊恩專心經營加油站掙錢。他告知，出院三週，他就恢復洗冷水澡。現在，每天早上又開始跑步了，精神很好。父親相信自己將創造戰勝癌症的奇蹟。

七個月之後，癌症發作，父親第二次住院。

我趕到美國。看到龐媽媽的模樣，我非常吃驚。她瘦得只有原來的一半了。原來龐媽媽也得了癌症，是肺癌，幾乎與父親同時發現。龐媽媽不准父親寫信告訴我們，她認為我們姐弟們會幸災樂禍。

十一月十三日，父親出院。父親看到我，非常開心。他人瘦了些，一聲「家貞」喊得還是挺精神的。父親笑著，指指胸口：「哼，這個癌症想要征服我，沒那麼容易！」

我憂心忡忡：「爹爹，我們都小看了癌細胞，以為達到百分之九十九就是沒事了。」

龐媽媽拄著拐杖從裡房走出來，高興父親回家了。

我們在聊天，東一言西一語，她坐在床邊靜靜地聽。突然，她微笑著叫了一聲「爹爹」——她跟孩子喊爹爹——同時，側著身子，一隻手軟綿綿地伸過來拉父親，顯出一點女人的溫柔，一點妻子的愛意。

父親從生意上完全退下來了。旅館的日常經營，銀行賬目進出，各種來往信件，所有的事情，父親全部移交給了冉嶠。他完全信任冉嶠。

父親告訴過我，龐媽媽退出旅館事務後，旅館每月發給她二百美金生活補貼，是父親作的決定。現在，父親也退了，冉嶠掌管，他應該比照他媽的待遇，也發給父親至少同樣多的生活補貼，且不提父親是從經理位置上退下來。

我詢問父親，第一個月沒有，第二個月呢，也沒有。這叫什麼話，我要去與冉嶠論理。父親趕緊制止。

我怒不可遏。父親急了，哀求我：「家貞，妳不要給我添麻煩好不好？我現在在生病，許多事情都要依靠他們，開車送我去醫院這些。他們擺臉色，我怎麼辦，你們一個都不在我身邊。」

冉嶠戴近視眼鏡，個子高大肥胖。他通知父親，旅館十一月生意清淡，不夠付貸款，每個老闆要掏五百美金腰包。那天，父親收到謝公公寄來的五百美金支票，信裡寫：「媽媽和我聽說你又住院了，心裡很擔憂，你要善自保重。寄去一點小數，你買水果營養吃，強壯身體，戰勝病魔。」

父親看完信，拿著支票一揮手，就給了冉嶠：「嶠嶠，這是我出的五百，你放進旅館的賬上吧。」

數天過去了，我不曾聽見冉嶠通知父親，他也放了五百美金進旅館賬戶了。生活在自己的家裡，我們沒言論自由。在龐媽媽、冉嶠、王強的包圍下，我找不到機會給父親講幾句心裡話，只好寫紙條給他：「爹爹，你已出了你的五百。冉嶠是不是也出了他的五百，你要查證一下。」

在房間裡，我把條子遞給父親。他馬上看了，很不高興。他輕聲咕噥了兩句，之後，他把紙條揉成一團，使勁擲在地上。他似乎覺得這樣不安全，把紙團撿起來，走進廁所，扔進馬桶抽水沖走了。

父親在自己家裡竟被嚇成這副樣子。我要當偵察兵查證。

前天下午，冉嶠拆信，我瞟了一眼，是銀行的月度報告。父親坐在他身旁，冉嶠看完後，沒說話，收好拿走了。

父親早起跑步。他們個個睡懶覺。我提前起床，到冉嶠的辦公室。我第二次做偵察兵，上次偵察龐，這次偵察龐的兒子。

我悄無聲息打開第一個抽屜，運氣好，面上就是銀行報告。我拿著它，到廁所開燈細讀：謝公公的支票五百美金已進賬。此外，沒第二筆五百美金，說明冉嶠沒放錢進去。拿著銀行信，我迅速跑到隔壁超市複印了一份。

他們還在睡。好，我再查。

冉嶠的私人支票本在桌子上。我翻到最後，檢查他的近期開支。倒數第二張支票是幾個月前的了。最後一張是近幾天才開的，五百美金，可支票的抬頭寫的是冉莊，他在重慶的生父的名字，而不是旅館。

第二天清晨，我跟父親一起去跑步。在歇息時，我把複印的銀行紙交給父親細讀。「銀行賬上只有你付的五百，沒有冉嶠的。冉嶠寄了五百給冉莊，沒開支票給旅館。」

父親說：「我回去問嶠嶠。」

後來，父親告訴我，冉嶠說，他這就把錢放進去。

父親從不向我透露他對龐家幾個人的看法，以及他在這個家裡的經歷與遭遇。他可能擔心我的魯莽會壞事。所謂「壞事」，即我的幾個弟弟移民的事。

十一月二十四日，父親告訴龐媽媽，要帶我出去玩玩看看。

他其實是帶我去找黃律師，修改他在一九九二年下半年買了旅館後立的第一個遺囑。臺灣移民的黃律師包辦了齊家、龐家所有的律師事務。路上，我和父親沉默。走到車站等候巴士。父親憤然冒出一句話：「嘿，她不知道偷了我多少錢？」

我趕緊追問：「什麼多少錢？爹爹，你在說誰？」

這類事情已經發生過數次，在中國時也是一樣。父親無意間溢出幾句憤怒話，忘記身旁有女兒在。我追問他，他滴水不漏。這次也一樣，默然不語，一直到律師樓。

父親告訴黃律師：「我現在要修改原來的遺囑。我逝世以後，半個旅館的遺產留給我的五個孩子平分：齊家貞、齊興國、齊安邦、齊治平、齊大同。」

他要求黃律師把第一次遺囑上龐婉儀、冉嶠、冉屹的名字刪除。

事情很簡單，與黃律師的談話二十分鐘就結束了。可父親從第一個遺囑到第二個遺囑走了超過六年的時間——自己患上胃癌住了兩次醫院之後。此時，我第一次知道，父親有遺囑。

對父親的第一個遺囑，我感到憤怒。我們五姐弟沒想過遺囑這兩個字，因為中國人不興這一套。考慮遺囑是在咒父親早亡，是不忠不孝。父親一直對我們保密。他可能擔心，我們得知後，會影響和龐家的關係，破壞幾個弟弟的移民計劃。

十二月十四日，龐媽媽覺得呼吸不暢，叫來護士。她盯住護士，用手在胸前撫了幾下。她眼睛透出期待的光。之後，光慢慢黯淡下去，嘴半張著，沒說出話就死了，享年六十二歲。

我給她清洗身體，讓她走得乾淨。

父親過來看了一眼，什麼話也不講，就坐到外面大客廳去了，沒再進來。死亡，使父親事實上擺脫這段婚姻了。

龐媽媽的兒子和女婿面無表情，接受了這個女人的撤離。

殯儀館來人處理著死者。

一個五十多歲的瘦男人，走到父親面前，請他在龐的死亡單上簽名。父親坐在那裡，表情木然，拿筆簽字。簽完字，他用食指把筆往桌前彈出去。彈出去的筆，在桌上弄出一點響聲。

我看了一眼父親，他竟然有一種憤然的表情。

顯而易見，父親對這個女人的感情完結。

龐媽媽比父親小二十三歲，比父親早死一百天。

焚燒錢紙。

冉嶠買了許多錢紙，還有紙房子、紙衣褲等活人認為陰間不可或缺的東西，燒給他的媽媽。加上王強，我們三個小輩圍在一起，在龐的照片面前火化這些「金銀財寶」。

冉嶠一邊給媽媽燒錢紙一邊讚揚媽媽喜歡錢，一點看不出傷心，倒是更像在公事公辦：「媽媽，妳一輩子喜歡錢。我買的全部都是大面額鈔票，給妳燒過去。妳在陰間，就是千萬富翁了。」「妳看，媽媽，現在燒的是一萬塊一張的，好多喲。妳在陰間再也不會窮，再也不會沒得錢用了。」「媽媽，現在燒的是一百萬塊一張的。這麼厚一疊，妳用都用不完，肯定妳天天都高興得很了。」

在旅館期間，我極力表現好。

王強做飯炒菜，我在一旁當助手。房客有需要，我能幫多少幫多少。晚上，冉嶠、王強和我，三個人打撲克牌，與他倆搞好關係。希望我離開之後，他們善待父親。

我最放心不下的是，他們炒菜時放油和味精特別多，無菜不放，我看得心驚肉跳。我覺得父親的胃癌已經不起味精的殺戮，這樣下去會提前斷命。我在時，把父親吃的菜單獨舀出來，在王強放味精之前。

為了父親的處境，我無法直接提醒他們。只能寫一個哀告書，並把「拜託」二字寫得很大很粗。希望他們明白我的苦心，拜託他們每次炒菜先盛出父親的那份。我臨離開旅館前，把這張哀告書貼在牆上：「親愛的爹爹，你對自己的健康再不能掉以輕心了。飲食對你很重要，必須倍加注意，你不能吃太多的油和味精。這些對胃癌很不利。每餐前，請你準備一碗水，所有的菜都先洗一洗才吃。切記切記。女兒家貞拜託你了。」

父親送我到洛杉磯國際機場。

他說：「好，就這樣。家貞，妳自己保重，注意身體。」

父親說來說去，就是這句話。

他轉身走了。

龐媽媽過世了，她實現了自己全家人移民美國的夢。她的女兒拿著不在人世的擔保人——龐媽媽提供的經濟擔保，使女兒和孫子成功移民美國。

父親本想借助龐媽媽的阿根廷移民身分，擺脫美國的「黑人」處境，沒料想卻來了一個新「黑人」。父親被龐媽媽踩在腳下，成為她的兒子、女婿、女兒、外孫移民美國的「輪船」。他的五個子女，沒一個孩子去美居住。

我回到墨爾本。

不久，父親來信：「昨天晚上，我在夢裡哭醒了。起床到處翻找媽咪的照片。拿著她的照片，我痛哭失聲。」

母親逝世二十五年，時間的風把記憶吹得依稀淡薄了。父親為何痛哭失聲？我猜測，那是因為身患絕症，他意識到自己可能沒機會在母親墳前報告喜訊：「我們的孩子們已在自由世界安居樂業了。」

父親病逝

一九九五年，我開始著手寫自己的十年冤獄史。對於這個「孩子」，我已懷胎近四十年。

我向父親提出了近兩百個問題，他專程從長堤到洛杉磯城裡買了錄音機和錄音帶。因為是一生中第一次使用，他寄給我的二十五盤磁帶，都只用了A面。

父親的開場白是：「我的天賦秉性是公私分明，善惡是非決不混淆，人生是施而不是受。因此，我反省和總結我過去的半生，可以說在私而言，我是有愧於衷，對不起爹娘……又負於親友，拖累他們慷慨解囊，使全家幸得溫飽，對於妻子兒女，害了愛妻多年受罪冤死，毀了子女前途。所有這些使我無一日心得安寧。但在公而言，我是公而忘私，公先於私，盡忠職守，忠誠祖國，廉潔自守，兩袖清風……我不能說『壯志未酬身先死』，因為天仍恩賜我活著，但可以說這生確實是壯志未酬……」

我像復仇一樣斷斷續續地寫。

對於父親的病，我們已完全亂了陣腳，不知道如何治療了。美國的醫生好像撒手不管。我們決定給父親吃宣傳好上天的癌症殺手「天仙液」和在胃部貼「天仙藥膏」，興國負責在中國採購按時寄去。、

興國很早就建議父親回重慶看中醫吃中藥。他照料病人非常專業，康復的可能性極大。父親一再拒絕，他有許多難處：這一手扶持起來的旅館生意是齊家移民的保障，本人不在，怎麼放得下心。還有，父親手持中國護照，中共發威，他進得去出不來，四個兒子出國的使命就難以實現了。

現在，龐媽媽已過世。冉嶠和王強沒龐媽媽領導，都是平輩。

我相信，無論哪一個弟弟去照顧父親，都住得下去了。

一九九八年初，我讓四個弟弟一起去成都美國領事館，出示醫生證明。父親危在旦夕，懇求他們發善心，放其中任何一個兒子去美照顧病父。領事館拒簽。

我最怕午夜有電話來，時差大，一定來自美國。

半夜接了電話，父親第三次住院。

那天上午，謝公公的七兒子瑞贛，要來旅館看望父親。父親從來喜歡乾淨體面，他想先去理個髮。但還未走到理髮店就昏倒在地，被救護車送進了醫院。

父親每次吃藥、貼膏藥都自言自語：「哼，你要扳倒我，可沒那麼容易！」他好像在與魔鬼對話。然而，癌細胞已轉移到了肝臟，心臟也開始出現心率不齊的問題了。

父親來信說，他對冉嶠和王強有清醒的評價。我鼓勵父親堅持與病魔戰鬥到底，去信說：「過去在監獄裡，你拼命要活下去，要跟共產黨比命長，你活著出了監獄；今天，你仍然應當跟共產黨比命長，堅決活下去，親眼看到共產黨垮臺。」

父親立即回信，又是一番焦急：「家貞啊，妳寫信為什麼還是這麼不小心？妳要知道他們兩個，冉嶠痛恨臺灣國民黨，王強是共產黨員。」

我從墨爾本打電話到醫院，告訴父親，我將去旅館接他一起回重慶治病。我「威脅」道：「你不答應，我就不去了。」

父親思索良久，終於點頭。

父親住了九天醫院。回旅館整理好行李，等我來接他，一起返回闊別十四年的養育他的土地。但我花了五天才辦好回中國的簽證，買了機票。

我心急如焚，這五天等於五年。我覺得再多的困難定能克服，父親的病況無論多凶險，康復依然有望。

這五天裡，沒接到一個電話，只有不斷的噩夢。頭晚，我夢見父親，全身骷髏，骨骼間由鐵絲穿連，只有頭是有血有肉的活人，眼睛還在轉動。他躺在一個大木盆裡，裡面有水。我問：「這是為什麼？」爹爹答：「骨頭乾痛，泡在水裡好受一點。」

醒來大驚，這個夢太古怪，我認定大事不好了。趕緊電話王強，沒人接。即刻找洛杉磯的延芳表姐，請她通知王強與我聯繫。

中午王強來電，父親在美國時間三月二十三日（中國二十四日）早上十點多鐘逝世。王強說：「爹爹一直在等妳，他天天都在唸：『家貞就要來了，家貞就要來了。』今天早上像往常一樣，還是好好的。他叫冉嶠幫他煮麥片，放雞蛋放黃油，煮多點。他吃了一大鍋就睡了。冉嶠上學，我在客房做事，很忙，進來拿東西，往爹爹床上看過去，好像被子沒動。心想，哎呀，剛才胸口還在起伏，現在他是不是死了。我走過去用手接他的鼻子有沒氣，他真的停止呼吸了。」

父親逝世幾個小時後，收到移民局來信，通知他入籍面試的時間。

一九九八年三月二十三日上午，父親在洛杉磯長堤自己的旅館裡與世長辭，享年八十六歲。

父親的一生是雙倍的悲劇：從三十七歲起，坐牢二十三年，出獄到逝世，也是二十三年。他被不可能完成的使命壓碎了。

我飛了二十多個小時，趕到旅館已是三月二十六日，父親逝世第三天。

次日，父親火化。

火化前，冉嶠問我要不要向父親遺體告別，我謝絕。我在內心起誓：「爹爹，我不向你告別。我活著，就是你活著。你永遠和我活在一起！」

收拾父親遺物。

我看到他準備好回重慶的大箱子。

在箱子裡，裝的東西，與他十四年前從中國帶出來的大同小異：換洗衣物、日常用品，還有一把掉了五根齒的發黃的塑膠梳子，那是一九四六年父親從美國回上海時帶給媽媽的禮物。不同的是，現在的箱子裡多了一個大紙包，那是父親在天安門屠殺之前和之後，陸續捐給民運團體的寄款單、收據等，總數接近一萬美金。

父親為了參加我和伊恩的婚禮，花兩百美金買的那身灰色條紋西裝不見了。

我捧著父親的骨灰回到中國。

在上海，為他舉行了追悼會，許多老親戚、老同事、老朋友唏噓不已。

在重慶，兒女孫輩、親家朋友、勞改隊獄友，超過百人追悼父親。我誦讀了在東京轉機時含淚寫了一夜的悼詞《一隻折斷了翅膀的雄鷹》。我在悼詞中說：「你一生中只虧待了一個人，那就是虧待你自己。掏出你滾燙透亮的心，潑灑你沸騰殷紅的血，都是為的別人。你的不同凡響之處，天地昭然，人神共知。你用你的血肉和生命實現了自己的信仰：人生的意義是給予。」

父親和母親合葬。兩位苦命人，終於團聚了。

未完的戰爭

關於父親的遺囑，並沒執行。

二零零零年春，父親逝世兩年後，父親指定的遺囑執行人，住在洛杉磯的表妹史麗和她的丈夫汝傑，帶著他們的律師去Long Beach旅館執行父親的遺囑。

冉嶠突然從口袋裡摸出一張父親逝世前十二天寫的紙條。律師看了條子，轉身對史麗、汝傑說：「我們沒事了，回去吧。」

這張經過律師公證具有法律效力的條子，齊尊周在上面說，他的一半旅館全部給予冉嶠。冉嶠是整個旅館的主人。

這張紙條，讓我們失去了發言權，剝奪了父親五個孩子的一切權利。

不久，冉嶠寄來四萬美金，他說：「寄去的這點錢是爹爹的心意。」

這四萬美金是與父親的五個兒女清賬。旅館正式屬於冉嶠。買旅館時，父親付的頭金是五萬美金。

追溯我的恐懼，最早來自觀看中共對所謂的反革命分子的處決，之後，是鐵路局工作人員對我的盤問、警察在看守所對我的飢餓審訊，還有來自監獄裡高牆、電網和機關槍的震懾、女犯受酷刑後的悲慘死亡以及無孔不入的政治洗腦。

在我來到澳大利亞的十八年時間裡，我的身體雖在澳大利亞，但靈魂還繼續著在中國時的恐懼。即使我參加一些人權活動，也要使用假名字和假地址。因為中共對我鞭長莫及，但他們能把我的四個弟弟以及他們的家人作為人質。

我的先生伊恩，也被染上了恐懼症。他的恐懼比我更嚴重。只要我離開澳洲，他就坐臥不安，擔心我被中共抓走。他甚至懷疑家裡的電腦和電話已被中共監控了。

二零零零年初，在六十歲時，我出版了自傳《自由神的眼淚》。

二零零四年八月，我最後一次回中國。

二零零五年一月，我開始公開發言反對中共。自此，我決定不再回中國了。

我要活得像父親所期待的人了。

來澳二十年，口袋裡只要有錢，我就心煩意亂。把錢寄給重慶的四個弟弟後，我才如釋重負。

當冉嶠寄來父親的「遺產」四萬美金後，我以澳幣支付了幾個弟弟、弟媳們的社保欠債、醫療預繳、生活補助、孩子們的學費及相關費用等，早已雙倍於父親的「遺產」。

現在，弟弟、弟媳們年齡已可領取低保，孩子們也已長大成人自力更生了。我，弟弟們的姐姐，侄兒、侄女們的姑媽，重擔放下了。

手上的美金「遺產」，我平生第一次考慮如何善用。父親從三十七歲到八十六歲離世，我也從孩子變成了老人。幾代人受苦受難，但中國還是沒實現民主。

父親一生都在身體力行，實踐他「人生的意義是給予，而不是拿取」。他留下的「遺產」，理應回饋生養他的中國和大地上的生靈。

燃燒父親的骨灰，為中國的壯士們照路。

二零零八年三月，父親逝世十周年。我以父親的這筆遺產、子女的個人收入，以及小範圍私人捐款，在澳洲註冊成立了非營利機構——齊氏文化基金會。基金會的宗旨為：「中國很大，我們很小；但我們心齊，願意為中國的進步做一點事情。」設立「推動中國進步獎」，每年頒獎一次，褒獎生活在中國大陸為改善中國的民主、自由、人權的個人或組織。

「推動中國進步獎」至今已頒了十三屆獎。
能為中國的進步做點微不足道的事，相信父親和我一樣愉快。

雙重囚犯

對於拯救親人逃出中國，就我和父親花費的時間和金錢而論，以現在大部分親屬還在中國而言，我和父親這方面的努力是極為失敗的，遠遠未完成——我出國三十四年，弟弟們死的死，老的老，孩子們也三、四十歲了。時過境遷，原定的拯救任務，是不能完成了。

回望父親的一生，還有我的一生，可以斷言，父親和我，既是毛的囚犯，也是拯救親人突圍求生的囚犯。

空白的葬禮

我兩次中風，上手術台原封不動下手術台，心臟雜音如影隨形，提醒，我已老了。死神隨時會降臨。

向死神報到，是每個人的宿命。我的母親、父親、治平、安邦，已先後消失，只存在我的記憶裡。我也一樣，行將消失。

我提前為自己舉行了葬禮。

葬禮是戰爭臥倒射擊的姿勢。

我看見，一個贖罪的白髮老小姐，晝夜俯身向地球問路。她眼中淩厲的血絲，是世界地圖上進出中國的痕跡。她的一生，在墳墓、灰燼、悶吼、骨頭的哭聲中原地疾走。無數歉疚的話語梗在喉嚨。然後，她死了。

我不記得自己來過人間。

國家圖書館出版品預行編目資料

毛主席的父女囚犯／齊家貞著. --初版.--臺中市：白象文化事業有限公司，2021.8
面； 公分
ISBN 978-986-5559-84-7（精裝）
1.齊家貞 2.政治迫害 3.自傳
787.8 110001122

毛主席的父女囚犯

著　　者　齊家貞
編　　者　杜斌
校　　對　明真
專案主編　吳適意
出版編印　林榮威、陳逸儒、黃麗穎
設計創意　張禮南、何佳諠
經銷推廣　李莉吟、莊博亞、劉育姍、李如玉
經紀企劃　張輝潭、徐錦淳、洪怡欣、黃姿虹
營運管理　林金郎、曾千熏
發 行 人　張輝潭
出版發行　白象文化事業有限公司
412台中市大里區科技路1號8樓之2（台中軟體園區）
出版專線：（04）2496-5995　傳真：（04）2496-9901
401台中市東區和平街228巷44號（經銷部）
購書專線：（04）2220-8589　傳真：（04）2220-8505
印　　刷　基盛印刷工場
初版一刷　2021年8月
定　　價　400元